Jochen Korte

Mit den Eltern an einem Strang ziehen

Mehr Schulerfolg durch gezielte Elternarbeit – Eine Antwort auf die PISA-Studie

Arbeitsmaterialien und Kopiervorlagen

Auer Verlag GmbH

Gedruckt auf umweltbewusst gefertigtem, chlorfrei gebleichtem
und alterungsbeständigem Papier.

1. Auflage. 2004
Nach der Neuregelung der deutschen Rechtschreibung

Illustrationen: Heinz-Helge Schulze
Satz: Fotosatz H. Buck, Kumhausen
Druck und Bindung: Ludwig Auer GmbH, Donauwörth
ISBN: 3-403-0**4176**-X

Inhalt

Vorwort

„Elternarbeit in der Schule" – damit verbinden Eltern und Lehrkräfte den Elternabend zum Schuljahresbeginn, die Elterninformationen nach der Zeugnisausgabe, die Einbestellung von Eltern bei Verhaltensproblemen und die Gesprächskontakte auf dem Schulfest. Und wenn's gut läuft, denken wir auch an den Elternstammtisch und den Kuchen, den die netten Mütter zum Klassenfest spendieren. Das ist in Ordnung und soll auch so bleiben.
Aber, so ist zu fragen, kann es nicht noch *ein bisschen mehr* sein? Und kann es nicht auch *ein bisschen anders* sein? Können wir die Elternarbeit nicht zu einem zielbewusst eingesetzten *Instrument* machen, das uns hilft, das Schulehalten effektiver zu gestalten? Elternarbeit nicht als schulrechtliche Pflichtübung und auch nicht nur als freundliches Zusammenkommen, sondern Elternarbeit, die auf *Aktivierung der Eltern* abzielt, die per Rückwirkung auf die Kinder wiederum der Schule zugute kommt.
Die Vorschläge dieses Buches folgen einem Konzept, das die Lehrkraft als eine Kraft definiert, die nicht nur auf die Schülerinnen und Schüler, sondern auch auf die Eltern einwirkt. Unter diesem Aspekt soll die Professionalität der Pädagogen genutzt werden, um Wissen und Erkenntnisse über Erziehen und Lernen an Eltern weiterzugeben. Schule für Kinder und Jugendliche erweitert sich zur *Schule für Eltern*. Der Dreh- und Angelpunkt einer solchen Elternarbeit bleiben die Schülerinnen und Schüler. Denn die Einwirkung auf die Eltern soll ja zu besserem Verhalten und gesteigerter Schulleistung führen. Eine so begründete Elternarbeit zapft *„die Ressource Eltern"* an. Dazu gehört auch, weniger willige Eltern zu Grundleistungen zu verpflichten und sie in bestimmten Grenzen zu kontrollieren.
In der zur Zeit geführten *Debatte über eine Schulreform* kommen Aspekte der Elternarbeit zu kurz. Wer heute Pädagogik betreibt, ob im Kindergarten, in der Grundschule oder in weiterführenden Schulen, ist gut beraten, die betreuenden Erwachsenen ins Konzept einzubeziehen. Wenn die Eltern ihre Erziehungspflicht nicht wahrnehmen oder wenn sie das schwierige Geschäft des Erziehens falsch anpacken, werden die viel zitierten Miterzieher das entstehende Vakuum ausfüllen. Diese von ihnen praktizierte Erziehung bzw. Sozialisation orientiert sich nicht am Wohl von Kindern, sondern an eigenen Interessen und oft genug an finanziellen Bilanzen. ***Elternarbeit ist daher, gerade nach den niederschmetternden Ergebnissen der PISA-Studie, wichtiger denn je!***
Diesem übergeordneten Gedanken folgend, ist das vorliegende Buch konsequent darauf ausgerichtet, Lehrkräften *Ideen und Materialien anzubieten*, die dazu geeignet erscheinen, Eltern zu helfen und zu aktivieren, schulbedeutsame Erziehung erfolgreich zu gestalten.
Leserinnen und Leser werden im Folgenden wenig über Protokollfragen zum Elternabend, Gestaltung von Schulfesten und Elternstammtischen, aber ***viel über Checklisten, vertragsähnliche Beratungen, Elterninformationen, Internetarbeit und Feedbackgespräche erfahren***.
Das Buch ist *für Lehrkräfte aller Schularten* gedacht. Die vorgestellten Ideen sind sowohl auf der Schul- als auch auf der Klassenebene realisierbar. Die Mehrzahl der Texte können **als Kopiervorlagen** verwendet werden.

Jochen Korte

1. Einführung

Hüten wir uns vor Schwarz-Weiß-Malerei! Wenn Lehrkräfte darüber klagen, dass „die Eltern" ihren Erziehungspflichten nicht nachkommen und mit der Schule nicht zusammenarbeiten, dann ist das eine generalisierende Behauptung, die einer genaueren Überprüfung nicht standhält. Denn es gibt sie ja noch, jene Eltern, die sich in beispielhafter Weise um das Wohl ihrer Kinder kümmern und mit der Schule in höchst effektiver Weise zusammenarbeiten: Sie bemühen sich um eine gesunde Lebensführung ihrer Kinder, halten sie zur Erledigung der häuslichen Pflichten an, fordern und fördern ihr Sozialverhalten, gewähren ihnen emotionale Unterstützung. Sie bewahren sich einen selbstkritischen Blick und lasten im Falle von Misserfolg der Schule nicht alles an. Sie kommen zu Elternabenden, helfen bei Schulfesten, stellen sich als Aufsicht bei Wanderfahrten zur Verfügung und zahlen nicht unerhebliche Summen in den Förderverein ein. Und manche Eltern schwingen sogar den Pinsel, wenn es darum geht, das Klassenzimmer zu renovieren. Machen wir uns nichts vor: Manch eine Schulaktion oder Schulveranstaltung würde gar nicht zustande kommen, wenn es diese Eltern nicht gäbe.

Nur leider müssen wir feststellen, dass diese Eltern nun auch wieder nicht als repräsentativ für die Elternschaft dieses Landes gelten können. So wie wir uns nicht darüber hinwegtäuschen können, dass unsere Gesellschaft erhebliche Probleme mit ihrer Jugend hat, so können wir auch nicht bestreiten, dass es in unserer Gesellschaft eine **Erziehungskrise** gibt und dass es zu viele Eltern gibt, die die notwendige Zusammenarbeit mit der Schule nicht leisten.

Die ZEIT-Redakteurin Susanne Gaschke hat ein Buch unter dem bezeichnenden Titel „Die Erziehungskatastrophe" publiziert. In ihm plädiert sie für ein neues Bekenntnis zu bewusster Erziehung. Eltern, Pädagogen, Politik, Kultusbürokratien und Medien, so fordert die Autorin, müssten rasch für Verhältnisse sorgen, die es Kindern ermöglichen, in Würde, Geborgenheit und Anerkennung ihrer Bedürfnisse aufzuwachsen.

Ein Blick auf die Schule macht deutlich, dass es immer mehr Kinder gibt, die jene Fähigkeiten und Tugenden, die fürs Schulehalten notwendig sind, nicht mehr mit in die Schule bringen. Sie können sich nicht mit anderen Kindern vertragen, ihre Anstrengungsbereitschaft ist unentwickelt, sie haben Schwierigkeiten sich zu konzentrieren. Es fehlt ihnen weitgehend an Selbstkontrolle. Auch gelingt es ihnen nicht, den zu fordernden Unterschied zwischen privatem und öffentlichem Verhalten zu respektieren, sodass es zu überhöhten Erwartungen – sowohl in Bezug auf die Klassenkameraden als auch in Bezug auf die Lehrkräfte und die Institution – kommt.

Die Erziehungsleistung der Familie, so müssen wir annehmen, hat nachgelassen. Dabei fällt es nicht schwer, Gründe für die Minderleistung zu finden. Die Bedingungen des Aufwachsens von Kindern und Jugendlichen haben sich in den letzten Jahrzehnten tiefgreifend geändert. Besonders auffallend ist die Tatsache, dass immer weniger Kinder in intakten Familien aufwachsen. Es gibt immer mehr Klein-, Patchwork- oder Rumpffamilien. Sozialisierungseffekte durch Geschwister fehlen oft ganz. Kontakte zu Großeltern sind die Ausnahme. Selbst in vielen so genannten Normalfamilien nehmen die Kontakte zwischen Eltern und Kindern ab. Viele Kinder werden zu oft allein gelassen oder sie werden Betreuungspersonen übergeben. Das Wohnumfeld ist oft nicht dazu geeignet, mit anderen Kindern Kontakt aufzunehmen und sich an der frischen Luft auszutoben. Der Versuch, Kinder auf Spiel- oder Bolzplätze zu bringen, scheitert in vielen Fällen. So suchen sich Kinder und Jugendliche Plätze, wo sie mit Gleichaltrigen zusammenkommen und im Rahmen ihrer Wünsche und Vorstellungen Tätigkeiten nachgehen. Dabei sind Eltern oft überrascht, wenn sie feststellen, dass der Einfluss der Gleichaltrigengruppe ihren erzieherischen Absichten krass entgegensteht.

Die sozialen Bedingungen, die bei der Erziehung eine bedeutende, oft prägende Rolle spielen, sind trotz materieller Fülle nicht eben günstig für das Aufwachsen unserer Kinder und Jugendlichen. Nun ergibt sich ein merkwürdiger Widerspruch. Je weniger Kontakte zu leibhaftigen Menschen hergestellt werden, desto mehr Kontakte werden mit fiktiven Personen hergestellt. Ob wir's wahr haben wollen oder nicht – **das Fernsehen** hat sich längst **als Sozialisationsinstanz in unserer Gesellschaft** etabliert. Die Familienserie, die Soap-Opera im Vorabendprogramm ersetzt für viele Kinder die reale Familie. Darüber hinaus hat das Fernsehen als Dauerprogramm für Kinder und Erwachsene die Grenzen zwischen den Generationen verwischt.

Der amerikanische Medienkritiker Neil Postman spricht vom „Verschwinden der Kindheit", das mit einem **Autoritätsverlust der Erwachsenen** verbunden ist. Und schließlich darf nicht unerwähnt bleiben, dass Fernsehen zu einer starken Veränderung von „Kulturtätigkeiten" führt. Während die Erkundung der Welt und ihrer Kultur durch eigene Tätigkeiten oder durch Lesen in den Hintergrund rückt, tritt die Flut der Bilder, der **gezielt inszenierte Illusionismus** und das totale Entertainment in den Vordergrund. Dabei gewinnt das Medium eine bestimmende Größe. Es schreibt vor, was wir kennen lernen und erleben sollen, welche Erfahrungen wir sammeln und welches Wissen wir ausbilden sollen. Außerdem hat das Fernsehen die für die meisten Kinder und Jugendlichen unwiderstehlichen Eigenschaften, dass es keinerlei besonderer Qualifizierung bedarf, um die Programme anzuschauen und anzuhören, und dass es auf wunderbare Weise unanstrengend ist, den geschickt gesetzten Schnittsequenzen zu folgen. Wenn man ein Buch lesen will, muss man lesen gelernt haben. Außerdem setzt das Lesen eine bestimmte Anstrengungsbereitschaft voraus. **Fernsehen hingegen muss man nicht lernen.** Und es strengt auch nicht an.

Gewiss erschweren die zu beobachtenden Entwicklungen das Geschäft des Erziehens. Es darf andererseits nicht übersehen werden, dass Eltern, egal in welcher Familienform sie sich auch immer befinden, nach wie vor die Schlüsselfigur der Erziehung darstellen.

Der Erziehungswissenschaftler Wißkirchen hat in einem ***Kurzinterview im „Spiegel"*** (19/2003 S. 71) auf den **sinkenden Einfluss von Eltern auf ihre Kinder** hingewiesen. Er plädiert für die Abschaffung des Begriffs *Erziehung*. Ich zitiere:

> „*Wißkirchen*: Der Begriff Erziehung impliziert, dass schon alles gut gehen wird, wenn die Eltern nur alles richtig machen. Und was richtig ist, wird von der Erziehungsindustrie definiert. Sozialisation wäre das ehrlichere Wort, denn es schließt alles mit ein: Eltern, Umwelteinflüsse und vor allem die Gleichaltrigen, die so genannten Peergroups.
> *Spiegel*: Die Gleichaltrigen, wie groß ist deren Einfluss verglichen mit dem der Eltern?
> *Wißkirchen*: Enorm. Kinder erziehen sich gegenseitig. Sie bringen sich bei, zu streiten, Probleme zu lösen, oder was es heißt, eine Autorität zu respektieren. Und obwohl der große Einfluss von Gleichaltrigen in den vergangenen Jahren immer wieder betont worden ist, halten leider immer noch sehr viele Eltern an der Überpädagogisierung fest."
>
> Das Interview wird mit der folgenden Bemerkung beendet:
>
> „*Spiegel:* Wollen Sie übervorsichtigen Eltern das schlechte Gewissen nehmen?
> *Wißkirchen:* Ja. Sie sollen versuchen, sich locker zu machen, und begreifen, dass ihr Einfluss auf die Sozialisierung eines Kindes nicht mehr ist als das Salz in der Suppe."

Solche Aussagen können zu gefährlichen Missverständnissen führen! Das Phänomen der Miterziehung ist Fachleuten wie Laien seit Jahrzehnten bekannt. H. Giesecke hat in seinem Buch „Das Ende der Erziehung" schon 1985 vor einer (überflüssigen) Pädagogisierung der Kindheit gewarnt. Aber aus der Tatsache, dass sich häusliche Erziehung gegen Sozialisierung (oder Miterziehung), die außer Haus abläuft, behaupten muss, kann man nicht folgern, dass der Einfluss der Eltern lediglich „das Salz in der Suppe" ist. Hier wird, um in der bildhaften Sprache des Interviewten zu bleiben, das Kind mit dem Bade ausgeschüttet und es läuft Gefahr, in einen tiefen Brunnen zu fallen.

Wißkirchen sollte sich um mehr Genauigkeit im sprachlichen Ausdruck bemühen. Seine lässig dahingeworfenen Sprüche könnten schließlich dazu führen, dass Eltern, die ihre Kinder krass vernachlässigen, die Folgen der Vernachlässigung der Außerhaus-Sozialisation anlasten. Eltern, so muss man Wißkirchen entgegnen, haben nach wie vor erheblichen Einfluss auf die Sozialisation ihrer Kinder. Und wenn ihr Einfluss abgenommen hat – was wohl niemand bestreitet – tun wir gut daran, zu überlegen, wie ihr Einfluss gestärkt werden kann. Und schließlich muss man immer wieder darauf hinweisen, dass zu viele Eltern ihre Einfluss**möglichkeiten** nicht wahrnehmen. Möge Wißkirchen nur einmal ein 7-tägiges Praktikum in einer Hauptschule oder in einem Amt für Soziale Dienste, Abteilung Erziehungshilfe, ableisten, und er würde über die unheilvollen Folgen belehrt werden, die entstehen, wenn Eltern elementare Erziehungs- und Versorgungsleistungen nicht erbringen.

Keine Frage, dass die Miterzieher eine gewichtige Rolle spielen, aber **die Regie in der Erziehung wird auch heute von den Eltern geführt**. Allerdings nur dann, wenn sie die Rolle des Regisseurs auch wirklich annehmen. Hier nun gewinnt man oft den Eindruck, dass viele Eltern sich scheuen, den Regiestuhl in der häuslichen Gemeinschaft zu besetzen.

Doch selbst wenn sie ihn besetzen, wissen sie oft nicht, wie die Inszenierung unter den Namen *Erziehung* über die häusliche Bühne gehen soll. Eine große Unsicherheit in Erziehungsfragen hat sich breit gemacht. Die Warteschlangen vor den Erziehungsberatungsstellen werden immer länger. Die Ratgeberliteratur boomt. Doch wer viele Fragen stellt, bekommt viele Antworten. Der Konsens darüber, was in der Erziehung richtig und was falsch ist, existiert nicht. Die Folge ist eine **grundlegende Verunsicherung darüber, welches Erziehungsprogramm gelten soll**. Vor allem die Fragen nach Grenzsetzungen bleiben unbeantwortet und die Definition der Konsequenzen bei Grenzverletzungen endet zumeist im Nichts. Gelegentlich werden die Erwachsenen auch von den Kindern in die Ecke gedrängt. Bei ausgeprägter Verunsicherung gewinnen Vergleiche mit anderen Kindern bzw. Eltern eine irritierende Bedeutung. „Warum", so fragt die 14-jährige Tochter die Eltern, „darf ich nicht bis 24 Uhr in die Disco? Meine Klassenkameradinnen dürfen's doch!" Oder aber der 10-jährige Sohn ertrotzt sich sein abendliches Fernsehprogramm mit der Bemerkung: „Alle Jungen, die ich kenne, dürfen < Cobra – übernehmen Sie > sehen. Wenn ich das nicht sehen darf, kann ich nicht mitreden und stehe in der Ecke."

Hier nun muss angemerkt werden, dass aus Verunsicherung oft eine verwöhnende und permissive Haltung der Eltern entsteht. Kindern werden alle Schwierigkeiten aus dem Weg geräumt. **Der Wunsch des Kindes wird zum Maßstab elterlichen Handelns.** Kleine Prinzessinnen und Prinzen kosten ihre Freiheiten unter elterlicher Duldung aus. Schwierigkeiten in der sozialen Orientierung, gravierende Probleme mit der Selbstbeherrschung und Defizite in Bezug auf Anstrengungsbereitschaft werden vorprogrammiert. Wenn die Prinzessinnen und Prinzen ihr Reich verlassen, kommt es zu Kollisionen mit der rauen Wirklichkeit. Ungünstige soziale Rahmenbedingungen und allgemeine Verunsicherung über Erziehung in einer pluralistischen Gesellschaft erschweren das Geschäft des Erziehens und können zu Erziehungsdefiziten führen. Doch können sie nicht als Erklärung (oder gar Entschuldigung) dienen, wenn man darauf hinweist, dass es viele Eltern gibt, die elementare Erziehungs- und Versorgungspflichten nicht erfüllen.

Bedauerlicherweise werden diese **Pflichtverletzungen in zunehmendem Maße beobachtet**. Es ist durchaus nicht übertrieben, wenn Lehrkräfte in Haupt- und Förderschulen hier von einer Alltagserscheinung, die in jeder Klasse anzutreffen ist, sprechen. Da kommen Kinder in die Schule, die nicht ordentlich gekleidet sind, die ihre Schulsachen nicht dabei haben, deren Frühstück aus Chips und Cola besteht. Oder sie kommen überhaupt nicht. Schuleschwänzen ist in der Mehrzahl der Fälle die Folge elterlicher Vernachlässigung. Oft wird es seitens des Elternhauses gedeckt. Oder aber man kontrolliert nicht, ob das Kind wirklich zur Schule geht.

Nun hat sich über Jahrzehnte die **Idee der kompensatorischen Erziehung** (in der Schule) in der allgemeinen Pädagogik etabliert. Was das Elternhaus nicht leistet, so wird argumentiert, soll die Schule nachreichen und ausgleichen. Die Kinder sollen jeweils dort abgeholt werden, wo sie sich – entwicklungsmäßig – gerade befinden. Wenn die Schule es nur richtig anstellt, wird sie im Elternhaus entstandene Defizite kompensieren können. Kritische Stimmen haben von Anfang an bestritten, dass man das, was man im Elternhaus an Erziehung versäumt hat, nachholen kann. Außerdem wurde davor gewarnt, dass kompensatorische Erziehung zu einer Überfrachtung der Lehrpläne und damit zu einer Reduktion des Stundenangebots in den Kernfächern führt.

Ein Blick auf die derzeitige pädagogische Situation unserer Schule macht deutlich, dass die Kritiker nicht unrecht hatten und haben. Die **PISA-Studie** hat uns gnadenlos vor Augen geführt, dass es mit der Schulleistung unserer Schülerinnen und Schüler schlecht bestellt ist. Auch die erzieherische Ausbeute unseres Tuns ist nicht gerade ermutigend. Es kann zwar nicht bestritten werden, dass in unseren Schulen eine Menge Zeit und Energie darauf verwendet wird, Erziehungsdefizite auszugleichen. **Aber die Erfolge bleiben aus!** An vielen Schulen, hier ist wiederum an Haupt- und Förderschulen zu denken, wird sogar kräftig gestrampelt, um zu dem gewünschten Ausgleich zu kommen. Doch die Verhältnisse an diesen Schulen sind Besorgnis erregend. Besonders niederschmetternd wird die Bewusstmachung des Misserfolgs, wenn man bedenkt, dass auch die **Einschaltung der schulpsychologischen und sozialen Dienste**, deren Hilfe sich die Schulen mittlerweile in jedem Schulbezirk holen können, **zu äußerst mageren Ergebnissen führt**. Wenn Kinder im häuslichen Bereich nicht angemessen erzogen und geistig gefordert werden, kann nur mit hohem und höchsten Aufwand eine leichte Reduzierung der Defizite erreicht werden, nicht aber eine komplette Kompensation. Das gilt auch im Bereich der Sozialerziehung. Gerade hier sind die **Folgen mangelnder Erziehung besonders gravierend**. Die Schulen bemühen sich seit Jahrzehnten darum, die viel zitierte „Sozialkompetenz" ihren Schülerinnen und Schülern zu vermitteln. **Doch ausgerechnet in der Sozialerziehung sind die Bilanzen unserer Schulen tiefrot**. In der pädagogischen Fachliteratur geistert seit Jahrzehnten der friedliche, freundliche, sozialkompetente, kooperative, kommunikative Schüler herum. Nur in den rauen Gefilden der schulischen Praxis ist er ebenso selten anzutreffen wie der weiße Tiger am Fuße des Hindukusch.

Ähnliches gilt für den **Problembereich Anstrengungsbereitschaft**. Wenn sie nicht als Vorleistung mit in die Schule gebracht wird, ist es äußerst schwierig, sie anzubahnen und zu entwickeln. Auch hier gilt, dass erheblicher schulpädagogischer Input zu dürftigem Output führt. Hier soll nicht behauptet werden, dass **nur** das Elternhaus für das Sozialverhalten und die Anstrengungsbereitschaft, jene beiden tragenden Säulen des Lernens in der Gemeinschaft, verantwortlich ist. **Selbstverständlich muss sich die Schule um die Förderung des Sozial- und Arbeitsverhaltens kümmern. Und zwar nach allen Regeln der Kunst. Aber**, und die folgenden Einschränkungen sind von erheblicher Bedeutung(!), **die Erfolgsquote der Schule bleibt niedrig, wenn Eltern nicht bestimmte Vorleistungen erbringen und mit der Schule an einem Strang ziehen!** Wenn wir die Potenziale unserer Schülerinnen und Schüler freisetzen wollen, wenn wir in der schulischen Erziehungs- und Bildungsarbeit Erfolg verbuchen wollen, müssen wir uns der Mitarbeit der Eltern versichern. Wenn hier von **„Freisetzung der Potenziale"** die Rede ist, dann ist dieser Begriff mit Bedacht gewählt. Denn er beinhaltet die **Gesamtheit der Entwicklungsmöglichkeiten**. Es geht nicht nur um positive Einflussnahme auf das Sozial- und Arbeitsverhalten, sondern auch um das Lernen, um die geistige Entwicklung, um die kulturelle Anregung von Kindern und Jugendlichen. Eltern können nicht nur auf das Verhalten, sondern auch auf die Bildung und Lernleistung ihrer Sprösslinge Einfluss nehmen. **Die Lehrkräfte können den besten Unterricht veranstalten, mit allen Ingredienzien zeitgemäßer Didaktik und Methodik versehen, unter Ausnutzung modernster Lehr- und Lernmittel – sie werden aus ihren Schülerinnen und Schülern dennoch nicht das herausholen, was in ihnen steckt, wenn die Eltern nicht einen anregungsreichen, ermutigenden, motivierenden Hintergrund schaffen.**

Die positive Einstellung zum Lernen, das Wecken von Neugierde und Interesse, die Förderung des Selbstwertgefühls, die Entwicklung von Durchhaltevermögen und Lernzuversicht, das alles wird zu wesentlichen Teilen durch Aktivitäten des Elternhauses angelegt, gefördert und ausgebaut. Im Gefolge einer allzu optimistischen Pädagogik, die möglicherweise ihre

Wurzeln in behavioristischem Gedankengut hat, haben die Konzepteure von Schule und Bildung vergessen, dass das Schulkind ein vorgeformter Faktor des Bildungsprodukts darstellt, der sich der gänzlichen Beeinflussung **in** der Schule und **durch** die Schule entzieht. Bei der „Einstellung" der Schülerinnen und Schüler zur Schule und zum Lernen, so gilt festzuhalten, spielen die Eltern eine prägende Rolle. Daher ist die Schule gut beraten, sich nicht nur durch verhaltensbeeinflussende Maßnahmen an ihre Schülerinnen und Schüler, sondern auch an deren Eltern zu wenden. Anstrengungsbereitschaft, um ein Beispiel zu nennen, werden wir nur dann spürbar erhöhen können, wenn wir die **Eltern in ein Programm zur Förderung des erwünschten Verhaltens einbeziehen**. Dass Anstrengungsbereitschaft ein entscheidender Faktor zur Leistungssteigerung ist, muss nicht erst betont werden. Wenn es der Schule gelingt, die Eltern so zu beeinflussen, dass sie **durch Bekunden von Interesse an Unterrichtsthemen, Anregungen zum begleitenden Lesen und stetige Ermunterung zur Mitarbeit im Unterricht der Schule** zuzuarbeiten, ist die Wahrscheinlichkeit groß, dass sich die Schulleistung der Schülerinnen und Schüler erhöht.

Bleiben wir kurz beim **Lesen: In der PISA-Studie wurden wir mit dem erschreckenden Ergebnis konfrontiert, dass die deutschen 15-jährigen eine niedrige Lesekompetenz aufweisen.** Gleichzeitig förderte man die Tatsache zutage, dass die Jugendlichen zu Hause selten zu einem Buch greifen. 42 Prozent der Befragten gaben an, zu Hause nicht freiwillig zu lesen. Lesen ist das Paradebeispiel für die Tatsache, dass die Schule in bestimmten Lernbereichen auf die Mitarbeit der Eltern angewiesen ist. Die Schule organisiert den Leselernprozess und entlässt ihre Leselehrgangsteilnehmer in der 4. Klasse als „fertige Leser", die fit sind, die Welt der Literalität zu erkunden. Diese Erkundung, die über das schulische Pflichtlesen hinausgeht, muss nun vom Elternhaus organisiert werden. Junge Leser brauchen Lesefutter. Das müssen die Eltern ihnen reichen. Wenn sie's nicht tun, müssen sie sich nicht wundern, wenn die mühsam erlernte Kunst des Lesens zu jenen Minderleistungen verkümmert, die in der PISA-Studie gemessen wurden.

Auf den Zusammenhang von Schulerfolg und erzieherischen Vorleistungen des Elternhauses wird auch in der **PISA-E-Studie** hingewiesen. Leider wird der folgende Passus in der zurzeit geführten PISA-Diskussion selten zitiert: „*Schulen sind eher erfolgreich, wenn sie Schülerinnen und Schüler betreuen, die gelernt haben, sich in Gruppen einzufügen, die sozial-emotional bereit sind, die Ziele, Inhalte und Methoden der Schule zu akzeptieren, die Autorität des Lehrers anzuerkennen und die in der Schule geltenden Regeln zu befolgen, die Konzentration und Ausdauer, Anstrengungsbereitschaft, Frustrationstoleranz und Pflichtgefühl besitzen.* ***In der Regel handelt es sich bei diesen Tugenden um Vorleistungen des Elternhauses.*** *Eltern, die ihre Kinder sozial-emotional fördern, die mit der Schule zusammenarbeiten und ihre Überzeugungen von der Legitimität von Anstrengung teilen, tragen erheblich zum Erfolg von Schulen bei.*" *(PISA-E, S. 67)*

Was in der PISA-Studie positiv formuliert wird: „*Erzieherische Vorleistungen des Elternhauses führen zu Schulerfolg*", wird von Susanne Gaschke in ihrem Buch „Die Erziehungskatastrophe" umgedreht. Sie stellt fest: „*Bildungschancen werden durch mangelnde Erziehung untergraben.*" Gaschke wörtlich: „*Die Expansion des Bildungswesens in den sechziger und siebziger Jahren wurde von einem Schlagwort begleitet, das alle Argumente für diese gigantische Anstrengung auf den Punkt zu bringen schien: die <Bildungskatastrophe>. Inzwischen sind durch den enormen quantitativen Ausbau des höheren Schul- und Hochschulwesens fast alle Bildungsreserven erschlossen, deren Verkümmern man damals befürchtete. Heute, da höhere Bildung im Prinzip für jeden (auch nachträglich noch) erreichbar ist, stehen wir vor einem nicht minder schweren Problem: Dieser Gesellschaft kommt die Fähigkeit zur Erziehung abhanden, und sie hat den Respekt vor der Kindheit verloren. Viele Eltern sind kaum noch in der Lage, ihren Kindern Grenzen zu setzen, ihnen verbindliche Werte zu vermitteln und ihnen die einfachsten Kulturtechniken beizubringen. Schulen und Kindergärten sind mit den unerzogenen Kindern überfordert. So wird die Verbreitung der Bildungschancen, die durch die Bildungsreform erreicht worden*

war, durch die Erziehungsverweigerung der Eltern in der Ego-Gesellschaft untergraben.“
Bei einer solchen Analyse liegt es auf der Hand, staatlich geförderte Erziehungskampagnen zu fordern. Ich habe andernorts geschrieben, dass es, wenn es um die Realisierung der Forderung nach Erfüllung elterlicher Erziehungspflichten geht, erheblicher Bemühungen der Gesellschaft bedarf, die weit über die Schulgrenzen hinaus reichen. *„Staatlicherseits sollte überlegt werden, ob unter Einbeziehung der Medien, hier vor allem des Fernsehens, Kampagnen für eine bessere Erziehung im Elternhaus gestartet werden können. Was zum Thema Verkehrserziehung (<Der siebte Sinn>) möglich ist, muss auch zum Thema Kindererziehung realisierbar sein. Hier sind neue Ideen gefragt, die über tiefe Verbeugungen vor den Eltern, die von den Politikern in erster Linie als Wähler betrachtet werden, hinausgehen.“* (Schulmagazin 5–10. 4/2001 S. 11)
In meinem Buch „Erziehung in der Schule. Krise oder Kapitulation“ habe ich hinzugefügt: *„Staatlicherseits wird man überlegen müssen, ob bestimmte Minimalforderungen, z. B. die, für regelmäßigen Schulbesuch zu sorgen und auf Elternversammlungen zu erscheinen, notfalls auch mit sanftem Zwang durchzusetzen sind. In Fällen schwerer Vernachlässigung von Kindern muss darüber nachgedacht werden, ob amtliche Belehrungen, die Teilnahme an Pflichtkursen im Sinne einer Nachhilfe oder gar Bußgelder geeignete Mittel zur Steuerung des elterlichen Verhaltens sind.“* (S. 103)
Es sei darauf hingewiesen, dass diese Maßnahmen rund um der Deutschen liebstes Kind, das Automobil nämlich, gang und gäbe und durchaus wirksam sind. Nun ist mir schon klar, dass wir in unserer Gesellschaft keinen „Elternführerschein“ durchsetzen können. Und wenn man von Bußgeldern in Zusammenhang mit Vernachlässigung elterlicher Pflichten redet, wird man eher mitleidig belächelt als ernst genommen. **Aber das Wohl unserer Kinder sollte der Mühe wert sein**, einfallsreiche Aufklärung auf der einen Seite zu betreiben und mit ernst zu nehmenden, ebenfalls einfallsreichen Konsequenzen andererseits verhaltenssteuernd einzugreifen.
Forderungen an den Staat sind die eine Seite, Aktivitäten, die man selbst inszenieren kann, sind die andere Seite der Medaille. Wenden wir uns also jenem Feld zu, das wir selbst beackern können. **(Dabei sollen die Forderungen an die Politik durchaus auf dem Tisch bleiben!)** Entwickeln wir also in der Schule Ideen und Konzepte, um positiven Einfluss auf Eltern zu nehmen, damit diese ihrerseits positiven Einfluss auf ihre Kinder nehmen. Mit dieser Formulierung wird deutlich, dass Elternarbeit in der Schule pädagogische Arbeit für Schülerinnen und Schüler ist. **Wer Eltern bei der Wahrnehmung ihrer Erziehung hilft, hilft Kindern.** Dreh- und Angelpunkt aller Bemühungen in der schulischen Elternarbeit sind also unsere Schülerinnen und Schüler.
Zunächst einmal müssen wir dafür sorgen, dass Elternarbeit den ihr gebührenden Stellenwert im pädagogischen Programm unserer Schulen erhält. Es ist ja ein offenes Geheimnis, dass Elternarbeit ein wenig beliebtes Kind der Schulpädagogik ist. Oft hört man **Lehrerkommentare wie diese**: *„Mir reicht's, wenn ich mich mit unerzogenen Schülern auseinander setzen muss. Auf Kontakte mit Eltern kann ich verzichten.“*
Und selbstverständlich muss man an dieser Stelle auch anfügen, dass **Eltern** oft abfällig über Schulkontakte urteilen. *„Schulpflicht besteht in diesem Lande für Kinder. Mich kann niemand zwingen, in der Schule zu erscheinen.“*
Nicht zu bestreiten, dass im Zuge der Demokratisierung der Schule die Kontakte zwischen Schule und Elternhaus zugenommen haben. Doch die schulrechtlich vorgeschriebenen Zusammenkünfte werden zumeist als Pflichtveranstaltung über die Bühne gebracht. Auf Elternabenden werden in der Mehrzahl der Fälle schulrechtlich bedeutsame Themen wie Notengebung, Aufsichtsfragen oder die Organisation der nächsten Klassenfahrt abgehandelt. In die Tiefe gehende Information über Erziehung oder Lernpsychologie wird äußerst selten angeboten.
Wir brauchen eine Intensivierung der Elternarbeit in quantitativer und qualitativer Hinsicht. **Wir brauchen mehr Elternarbeit.** Wir brauchen *andere* Elternarbeit. In der Elternarbeit sollen **neue Akzente** gesetzt werden. Neben üblichen Maßnahmen wie Zeugnisberatung, konventionelle Elternabende und Konferenzteilnahme sollte es um Maßnahmen gehen, die Eltern aktivieren, ihrerseits dazu beizutragen, die Potenziale ihrer Kinder freizulegen.

Eine solche **aktivierende, dynamische Elternarbeit informiert und berät. Sie stellt aber auch Forderungen und kontrolliert,** ob Grundstandards, die zum Schulehalten erforderlich sind, eingehalten werden. Eine dynamische Elternarbeit vollzieht sich auf verschiedenen Ebenen: in der Klasse, in der Schule, im Elternhaus, z.T. auch in der Öffentlichkeit. Aktivierende Elternarbeit bringt den Mut auf, in schulbedeutsamen Bereichen häuslicher Erziehung auch gegen die Meinung der Eltern eine klare Stellung zu beziehen.

Aktivierende Elternarbeit bewegt sich auf Eltern zu und setzt Dynamik in Gang. Sie bemüht sich, Eltern in die Schule zu holen. Sie setzt aber auch auf Hausbesuche. Sie kommt Eltern entgegen und bietet konkrete Hilfe an. Sie stellt aber, wie bereits gesagt und hier bewusst wiederholt, auch Forderungen, deren Erfüllung kontrolliert wird. **Eine solche Elternarbeit** beharrt nicht auf Positionen, ist nicht einseitigen pädagogischen Richtungen verpflichtet, sie **zeichnet sich durch Wendigkeit und Flexibilität aus. Eine solche Elternarbeit zielt nicht darauf ab, die Elternschaft dieses Landes zu der Nachhilfelehrerschaft der Nation zu machen.** Und selbstverständlich geht es auch nicht darum, dass Eltern die Schulzeit in den Nachmittag hinein verlängern oder Systemfehler der Institution ausgleichen sollen.

Die **Hauptpunkte einer dynamischen Elternarbeit** können wie folgt zusammengefasst werden:

- ***Transparenz***
  Elternarbeit soll die schulischen Aktivitäten transparent machen. Sie soll helfen, Missverständnisse zu vermeiden. Sie soll über schulische Aktionen informieren und aufklären.
- ***Grundkonsens in Erziehungsfragen***
  Elternarbeit soll auf den gemeinsamen Nenner erzieherischen Handelns hinarbeiten.
- ***Hilfe und Beratung***
  Elternarbeit soll Hilfe für Erziehung vermitteln. In Fällen von Verhaltensproblemen und Lernstörungen soll sie beraten.
- ***Anregung zur häuslichen Mitarbeit***
  Elternarbeit soll Anstöße zur häuslichen Mitarbeit geben und sich der wertvollen „Ressource Elternschaft" versichern. Der „Resonanzboden Elternhaus" soll zur Resonanz gebracht werden, um Verstärkungseffekte im Erziehungs- und Bildungsbereich zu erreichen.

Elternarbeit, die diesen Punkten folgt, konkretisiert sich in den **folgenden Aktivitäten und Maßnahmen**:

Ausgabe themenbezogener Elternbriefe, Ausgabe von Informationsblättern, Fragebogenaktionen, Vertragsschließungen, Erarbeitung von Förderplänen für den häuslichen Bereich, Gestaltung einer Elternschule, Homepage-Arbeiten schriftlicher Festsetzung besonderer Erziehungsschwerpunkte, Gestaltung informativer Elternabende, Gestaltung alternativer Elternabende, Hausbesuche, Ausgabe von Checklisten, Erarbeitung von Eltern-Kind-Gesprächsleitfäden, Vermittlung von Kontakten zu professionellen Hilfsdiensten, Hilfestellung bei Hausaufgaben, Beratung bei Erziehungsproblemen.

Aus dieser Einführung wird deutlich, was die Leserinnen und Leser im Folgenden erwartet. Es geht nicht um das Telefonat, das geführt werden soll, wenn ein Schüler sich den Fuß verstaucht hat, es geht nicht um den üblichen Tadelbrief, der geschrieben wird, wenn ein Schüler die Schule vorzeitig verlassen hat, es geht auch nicht um die Organisation eines pädagogischen Stammtisches oder die Bitte, einen Kuchen fürs Schulfest zu backen. Was hinreichend bekannt ist und oft genug praktiziert wird, muss nicht noch einmal abgehandelt werden. Wohl aber werden im Folgenden Hinweise zur Gestaltung informationsintensiver Elternabende, zu themenbezogenen Elternbriefen, zur Führung von Feedbackgesprächen und Erarbeitung von Förderplänen für den häuslichen Bereich gegeben.

Es liegt in der Natur der Sache bzw. der Konzeption dieses Handbuchs, dass eine Vielzahl von Informationsblättern und Briefen vorgelegt wird. Leserinnen und Leser, die bereits meine Veröffentlichung „Elternarbeit mit Elternbriefen" kennen, müssen nicht befürchten, dass ich hier ein Remake oder eine bloße Fortsetzung vorlege. Während ich in jenem Buch schwerpunktmäßig auf den Rahmen des Schulehaltens abziele, beschäftigt sich dieses Buch schwerpunktmäßig mit der Frage, wie man die **„Ressource Eltern" anzapfen** kann, um im Erziehungs- **und** Bildungsbereich voranzukommen. In „Elternarbeit mit Elternbriefen" geht es um den Blick hinter die schulpädagogischen Kulissen und um spezielle Themen wie „Ver-

antwortung für den Schulbesuch" oder „Ordnungs- und Erziehungsmaßnahmen".
In diesem Buch geht es um Basisinformation und Anweisungen für Eltern, um die Schulleistung ihrer Sprösslinge zu steigern. Aber auch um konkrete Hilfsangebote für Eltern, die mit Erziehungsschwierigkeiten zu kämpfen haben. **Dieses Buch ist aus der Praxis für die Praxis geschrieben.** Viele der vorgestellten Texte und vorgeschlagenen Maßnahmen haben ihre Bewährungsprobe in den rauen Gefilden meiner Förderschule bereits bestanden.
Die Gliederung des Buches ist so angelegt, dass zunächst das vorgestellt wird, was für alle Eltern von Interesse ist. Anschließend wenden wir uns der Einzelfallhilfe zu. Wichtig ist der Hinweis, dass die Mehrzahl der folgenden Vorschläge Maßnahmen beinhalten, die für „normale" Eltern gedacht sind. Dieses Buch gibt zwar einen **systematisch geordneten Überblick über Themen und Maßnahmen der Elternarbeit**, aber es verzichtet auf Vollständigkeit. Die vorgeschlagenen Maßnahmen können variiert werden. Die Themen können erweitert werden. Ich bin mehrfach darauf aufmerksam gemacht worden, dass einige meiner Texte „sehr hart formuliert" seien. Keine Frage, dass sich z. B. der **Elternbrief**, in dem Eltern aufgefordert werden, Elternabende zu besuchen, **klarer Worte** bedient. Das ist so gewollt. Und ich will hier auch gar nicht verschweigen, dass einige Eltern diesen Tonfall nicht mehr gewöhnt sind. Aber ich bin der festen Überzeugung, dass wir mit Eltern ein klares Deutsch sprechen müssen! Wenn es um Missstände geht, müssen sie auch als solche gekennzeichnet werden. Schwammiges, um die Sache herum redendes Pädagogen- oder Politikerdeutsch ist hier falsch am Platze. Es gehört zur „Botschaft" dieses Buches, dass ich Beispiele dafür gebe, wie man Probleme auf den Punkt bringt, nicht aber an ihnen vorbeischwadroniert. Noch einmal: Alle Texte sind **als Kopiervorlagen** zu nutzen. Die **Texte** sind **für alle Schularten** geeignet. Es wurde Wert darauf gelegt, dass sie sowohl auf der Ebene der Klasse, also von der Klassenlehrerin oder dem Klassenlehrer, als auch auf der Ebene der Schule, also von der Schulleitung, eingesetzt werden können. Je nach Einsatzort sind gelegentlich leichte Änderungen zu empfehlen. Dem Autor ist es recht, wenn die Vorlagen so, wie sie sind, genutzt werden. Ich weise aber ausdrücklich darauf hin, dass es **viele Möglichkeiten gibt, die Texte zu kürzen, zu erweitern oder zu ändern**. Viele Texte können durch persönliche Anmerkungen auf die besonderen Gegebenheiten der Klasse oder Schule angepasst werden. Ergänzungen können durch Sätze wie diese eingeleitet werden: „Die soeben dargestellten Punkte bedeuten für die Arbeit in meiner Klasse..." Oder: „Für meine persönliche Arbeit ziehe ich aus den dargestellten Punkten die folgenden Konsequenzen...".
Zum Schluss dieser Einführung noch der folgende Gedanke:
Eine innovative dynamische Elternarbeit ist zeitaufwendig. Man wird Lehrkräften nicht zumuten können, neben dem normalen Arbeitspensum, das sich in Zeiten hektischer Betriebsamkeit nach der Veröffentlichung der PISA-Studie gerade erhöht hat, stundenlange Hausbesuche zu machen, eine Elternschule zu organisieren und einen Förderplan auszuarbeiten. Man sollte daher überlegen, schulintern einen Stundenpool für Elternarbeit zu schaffen oder aber den Klassenlehrern Elternarbeitsstunden im Stundenplan auszuweisen. In Haupt- und Förderschulen sind Elternarbeitsstunden mit Sicherheit eine gute Investition. Auch unter Berücksichtigung strenger Effizienzkriterien sind zwei Stunden intensiver Elternaufklärung auf einem gut besuchten Elternabend besser angelegt als zwei Stunden Geschichte in einer achten Klasse, die trotz gut vorbereiteten Unterrichts in Unwilligkeit und Behäbigkeit vor sich hin dämmert.
Wenn die staatliche Schulaufsicht die Notwendigkeit verstärkter Elternarbeit nicht einsieht und sich mit der Vergabe von Zusatzstunden schwer tut, sollten Schulleitungen in eigener Regie Großzügigkeit walten lassen. Die Personalräte werden ihnen sicher zustimmen, wenn sie gelegentlich Fachstunden ausfallen lassen, um die gewonnene Zeit in Elternarbeit zu investieren. Über einen Verrechnungsschlüssel wird jede Lehrerin und jeder Lehrer mit sich reden lassen. Es muss ja keine 1:1-Vergütung sein. Aber Elternarbeit muss als professionelle Arbeit anerkannt werden. Diese Anerkennung sollte sich nicht nur in schönen Worten artikulieren, sondern auch in der Zuweisung von Stunden.

2. Praktischer Teil

2.1 Was für alle Eltern von Bedeutung ist

2.1.1 Die tragenden Säulen des Schulehaltens definieren

- Erziehung an unserer Schule
- Lernen an unserer Schule

Wenden wir uns nun dem praktischen Teil zu. Ich spreche Sie, liebe Leserin und lieber Leser, nun persönlich an. Zunächst einmal geht es um Maßnahmen, die die Elternschaft der ganzen Klasse oder die ganze Schule betreffen. Zuerst machen Sie den Eltern klar, was Sie unter Erziehen und Lernen in der Schule verstehen. Die hier vorgelegten **Elternbriefe** behandeln die Basis des Schulehaltens. Wenn Sie auf bestimmte Punkte, die für Ihr schulpädagogisches Handeln besonders wichtig sind, aufmerksam machen wollen, fügen Sie diese an.

Wenn Sie mit besonderen Problemen in Ihrer Klasse zu kämpfen haben, z. B. mit Gewalt oder Ausländerfeindlichkeit, dann nutzen Sie die Möglichkeit, in den Grundsatzbriefen darauf hinzuweisen, dass Sie Gewaltreduktion oder Toleranz gegenüber Migranten zu einem Schwerpunkt Ihrer Erziehung und Ihres Unterrichts machen.

Hier noch einige **Tipps**:

- Wenn Sie planen, im Verlaufe des Schuljahres eine Vielzahl von Elterninfos, Briefen oder Checklisten auszugeben, sollten Sie unbedingt eine Mappe anlegen, damit Sie die ausgegebenen Texte stets zur Hand haben.

- Empfehlen Sie auch den Eltern, eine Mappe anzulegen. Im Verlaufe des Jahres ergeben die Infos ein kleines, aber inhaltreiches Kompendium unter dem Titel „Erziehung, Lernen, Mitarbeit".

- Wenn Sie Elterninfos ausgeben, sollten Sie daraus vor Ihrer Klasse kein Geheimnis machen. Lesen Sie die Texte in der Klasse.

- Denken Sie daran, dass die Mehrzahl der Texte dazu geeignet sind, als Vorlage auf einem Elternabend zu dienen. Sie bieten eine ausgezeichnete Grundlage für eine weiterführende Diskussion.

- Die Mehrzahl der Texte sind auch für die inhaltliche Gestaltung einer Elternschule geeignet.

Grundsatzinformation: Erziehung an unserer Schule

Liebe Eltern,

Erziehung und Unterricht sind die tragenden Säulen dessen, was in der Schule geschieht. So steht es im Schulgesetz. Und auch in unserem Schulprogramm.
Erziehung ist ein schillernder Begriff. Damit Sie nun wissen, was wir unter Erziehung verstehen und welche Schwerpunkte wir in unserem erzieherischen Handeln setzen, bekommen Sie diese kurze Information.
Auf diesen beiden Prinzipien gründet sich die Erziehung an unseren Schulen und in unseren Klassen. Erziehung zur Achtung der anderen Person und Erziehung zur Mitarbeitsbereitschaft. Das hört sich nicht nur sehr einfach an. Es ist auch einfach. Und Eltern und Kinder können durchaus verstehen, worum es geht.
Alle unsere Regeln und Verhaltensforderungen ergeben sich aus diesen Grundsätzen. Von der Schulordnung bis zu den Regeln eines freundlichen Miteinanders. Ganz konkret: „Wir wollen lernen, wie man auf Schulkameraden Rücksicht nimmt, wie man Streit ohne Gewalt schlichtet, wie man sich im Unterricht angemessen verhält und erfolgreich lernt…"
Es geht also nicht darum, aus Ihren Kindern Musterschüler zu machen. Es geht um ein Verhalten, das ein freundliches und produktives Miteinander im „Haus des Lernens" ermöglicht.
Wir setzen uns in der Schule nicht nur Ziele. Wir helfen auch, sie zu erreichen. Wir klären über die genannten Grundsätze im Unterricht auf. Wir üben Verhalten ein. Wir zeigen und trainieren, wie gewaltfreie Auseinandersetzungen laufen. Wenn Schüler gegen Regeln verstoßen, reden wir mit ihnen. Dann verwarnen wir sie. Und wenn alles nichts nützt, verhängen wir im Rahmen der gesetzlichen Vorgaben Strafen.
Das hört sich – theoretisch – gut an. In der Praxis klappt das aber nicht immer. Daher brauchen wir Ihre Unterstützung. Erziehung in der Schule kann nur gelingen, wenn Sie mit den Lehrkräften an einem Strang ziehen. Wenn wir z. B. in der Schule Tätlichkeiten als schweren Verstoß gegen bestehende Regeln werten und bestrafen, dürfen Sie nicht gegen uns arbeiten, indem Sie sagen: „Alles nicht so schlimm. Geprügelt wurde schon immer." Wenn wir aus guten Gründen pünktliches Erscheinen zum Unterricht fordern, müssen Sie Ihr Kind rechtzeitig losschicken und ebenfalls zur Pünktlichkeit anhalten.
Im Grunde genommen geht es um Selbstverständlichkeiten: die gepackte Schultasche, die freundliche – aber deutliche – Ermahnung, im Unterricht gut mitzumachen und die Belange anderer Personen zu respektieren. Diese Unterstützung müssen wir von Eltern fordern.
Bitte denken Sie immer daran, dass es um das Wohlergehen und um den Fortschritt Ihrer Kinder geht. Es geht nicht um die Schule, es geht um Ihr Kind. Vergessen Sie nicht, dass auch gutes Verhalten für das Vorankommen Ihres Kindes von großer Bedeutung ist.
Damit haben wir das Wesentliche zum Bereich Erziehung in der Schule gesagt. Wir sind also nicht darauf aus, ein Musterkind aus Ihrem Sprössling zu machen. Wir möchten, dass Ihr Kind unter unserer Regie die Zeit in der Schule gut nutzt, viel lernt und sein Bestes gibt. Dafür bitten wir Sie um Ihre Mitarbeit und Unterstützung.

Ihr(e)

Grundsatzinformation: Lernen an unserer Schule

Liebe Eltern,

Schule ist zum Lernen da. Das weiß doch jedes Kind. Sehen wir uns mal kleine Kinder an, wenn sie Schule spielen. Sie spielen das ganz klassisch. Sie sitzen am Tisch, schreiben und lesen. Und ein Kind ist der Lehrer, der etwas erklärt und die Aufgaben prüft.

So klassisch geht das bei uns nicht zu. Aber die Grundform „In der Schule wird gelernt" muss auch bei uns gelten. Schule ist zum Lernen da. Man muss rechnen und lesen können, damit man sich im Leben zurechtfindet und seine Zukunft gestalten kann. Lernen ist kein Luxus. Lernen ist notwendig. Wer nicht lernt, verbaut sich seine Chancen.

Man eignet sich Wissen an, um es später zu nutzen. Nehmen wir den Computer. Wer ihn nicht bedienen kann, kann die Möglichkeiten dieses Gerätes nicht nutzen. Aber man muss auch allgemein lernen, wie man lernt, damit man später weiterlernen kann.

Lehrer/innen sind Lernhelfer/innen. Sie wollen helfen, dass das, was in Ihren Kindern steckt, ans Tageslicht kommt. Damit die Schüler/innen Fähigkeiten und Wissen erlangen, wählen wir besondere Unterrichtsinhalte aus und bemühen wir uns um besondere Methoden.

Das funktioniert aber nur, wenn die Schüler/innen Lernbereitschaft mit in die Schule bringen, wenn sie hier gut mitmachen und alle Schulsachen dabei haben. Ohne Lernbereitschaft beteiligt man sich nicht am Unterricht. Ohne Schreibzeug kann man nicht schreiben. Hier nun sind die Eltern gefordert, uns zu unterstützen. Sorgen Sie bitte dafür, dass Ihr Kind pünktlich und gut ausgerüstet in der Schule erscheint. Und sagen Sie Ihrem Kind bitte auch, dass es die Unterrichtszeit gut nutzen soll. Und räumen Sie bitte auch zu Hause mit dem Märchen auf, dass Lernen ganz ohne Anstrengung über die Bühne gehen kann. Es gibt keinen Trichter, durch den man Fähigkeiten oder Wissen in die Köpfe von Kindern schütten kann. Lernen ist anstrengend! Oft macht es aber auch Spaß. Und wenn man sich angestrengt hat und man merkt, dass man sein Ziel erreicht hat, dann macht das nicht nur Spaß, dann spürt man echte innere Freude.

Und ganz zum Schluss noch dieser Hinweis. Wer meint, dass es ein Recht gibt, im Unterricht nicht mitzumachen, weil „alles keinen Spaß macht", der irrt sich. Es steht Schüler/innen nicht frei, ob sie mitmachen wollen oder nicht. Sie müssen mitmachen, weil sonst das Unternehmen Schule schnurstracks in die Pleite segelt. Wenn Sie als Eltern uns unterstützen, werden wir das Unternehmen Schule zum Wohle Ihres Kindes – genau darum geht's! – zum Erfolg führen.

Ihr(e)

2.1.2 Die Grundvoraussetzungen fürs Schulehalten deutlich machen

- In der Schule erscheinen und die Sachen dabei haben
- Sich mit den Mitschülerinnen und Mitschülern in der Schule vertragen
- Sich in der Schule anstrengen

Man kann des drehen und wenden, wie man will, wenn bestimmte Grundvoraussetzungen nicht erfüllt werden, kann das Schulehalten nicht gelingen. Machen Sie Ihren Eltern klar, dass die Schule damit beginnt, dass Kinder zur Schule geschickt werden. Weisen Sie auf die Schulpflicht hin.

Machen Sie deutlich, dass die Eltern verpflichtet sind, für eine angemessene Ausstattung zu sorgen. Doch es reicht nicht aus, mit gepackter Tasche in der Schule zu erscheinen. Da sich das Lernen in der Gemeinschaft vollzieht, muss man sich mit den Klassenkameradinnen und -kameraden vertragen und zusammenarbeiten können.

Und schließlich muss man als Schülerin oder Schüler bereit sein, sich am Unterricht zu beteiligen und anzustrengen.

„Binsenweisheiten!" denken nun viele Leserinnen und Leser. Ja gewiss, aber viele Lehrerinnen und Lehrer, die in schwierigen Schulen – und fast alle Haupt- und Förderschulen gehören dazu! – unterrichten, wissen, dass diese Binsenweisheiten bei vielen Eltern verloren gegangen sind. Bringen wir sie also wieder in Erinnerung. Die folgenden Infos sind übrigens auch gut geeignet für die Lektüre im Klassenzimmer.

Elterninformation: Grundvoraussetzungen fürs Schulehalten

Liebe Eltern,

wenn man in der Schule lernen will, muss man hier erscheinen. Aus gutem Grund besteht in diesem Land **Schulpflicht**. Wir möchten Sie freundlich darauf aufmerksam machen, dass Schulpflicht auch Elternpflicht ist. Sie müssen dafür sorgen, dass Ihr Kind pünktlich in der Schule erscheint. So steht es im Schulgesetz. Die Schule hat keine „Abholpflicht". Eltern haben eine „Bringepflicht".

Im Schulgesetz steht auch, dass Eltern verpflichtet sind, ihr Kind zweckentsprechend auszustatten und im Rahmen gesetzlicher Vorschriften Lernmittel zu beschaffen.

Haben Sie schon einmal darüber nachgedacht, wie wichtig es ist, dass ein Schüler seine Tasche vollständig gepackt hat? Der fehlende Bleistift, die fehlende Mappe, das fehlende Lineal kann zu einem erheblichen Problem während einer Unterrichtsstunde werden. Die Lehrkraft kann nicht immer - aus dem Augenblick heraus - Ersatz beschaffen. Und die fehlende Badehose kann zu einer Katastrophe werden. Ihr Kind kann, obwohl es sich auf den Schwimmunterricht gefreut hat, nicht mitmachen.

Daher sollten Sie den Ranzen oder die Schultasche Ihres Kindes regelmäßig kontrollieren. Alle Sachen an Bord? Wenn nicht, bitte sofort Ersatz beschaffen!

Wenn Ihr Kind pünktlich in der Schule erscheint und (fast) immer seine Sachen an Bord hat, müssen Sie sich keine weiteren Gedanken machen. Wenn Ihr Kind dazu neigt, Umwege zu gehen, zur Unterrichtszeit Kaufhäuser zu erkunden oder die Schulsachen oft zu vergessen, müssen Sie - gerne gemeinsam mit uns - überlegen, wie Sie diese Probleme in den Griff bekommen.

Mit freundlichen Grüßen

Ihr(e)

Elterninformation: Sich mit den Mitschülerinnen und Mitschülern in der Schule vertragen

Liebe Eltern,

in der Schule lernt man mit anderen Schülerinnen und Schülern zusammen. Man lernt in Gruppen. Daher muss man die Rechte und Belange der Mitschülerin und des Mitschülers respektieren. Ein angemessenes Sozialverhalten gehört zur den Grundvoraussetzungen des Schulehaltens.

Was verstehen wir unter angemessenem Sozialverhalten in der Schule? Wir sind nicht darauf aus, Ihrem Kind schwierigste Verhaltensweisen (wie Selbstüberwindung, Askese oder sonst etwas) abzuverlangen. Wir zielen lediglich auf das ab, was man in der Schule braucht, damit das Lernen in der Gemeinschaft erfolgreich über die Bühne gehen kann.

Konkret geht's um dieses Verhalten:

- Sich mit Anderen vertragen
- Anderen nicht weh tun
- Regeln einhalten
- Mit Ärger umgehen können
- Konflikte ohne Tätlichkeiten lösen
- Anderen die Antworten nicht wegschnappen
- In der Schlange stehen können.

Das ist nicht eben viel, was wir hier verlangen. Aber wir wissen, dass viele Schülerinnen und Schüler erhebliche Schwierigkeiten haben, dieses Verhalten im Schulalltag zu praktizieren. Daher bitten wir Sie, uns in unserem sozialerzieherischen Bemühungen zu unterstützen.

Machen Sie sich die Sozialerziehung zu eigen. Besprechen Sie mit Ihrem Kind eingehend die Schul- und Klassenordnung. Nehmen Sie Hinweise der Lehrkräfte über negatives Sozialverhalten ernst. Missbilligungen oder Tadel sollten auch zu Hause zu Konsequenzen führen. Loben Sie Ihr Kind aber auch, wenn es sich in der Schule sozial angemessen verhält.

Mit freundlichen Grüßen

Ihr(e)

Elterninformation: Sich anstrengen

Liebe Eltern,

Lernen macht oft Spaß. Aber nicht immer. Wenn man erfolgreich lernen will, muss man sich anstrengen. Anstrengungsbereitschaft ist eine Voraussetzung fürs Schulehalten. Was verstehen wir noch unter angemessenem Lernverhalten? Mucksmäuschenstill sein und wenn der Lehrer den Schüler anspricht, springt er auf und salutiert? Gewiss nicht! Wir wollen, dass die wertvolle Zeit des Unterrichts sinnvoll genutzt wird. Nicht mehr, aber auch nicht weniger. In der Schule muss man sich anstrengen und sein Bestes geben.

Machen Sie Ihrem Kind diesen Grundgedanken klar und verweisen Sie auf die folgenden Punkte:

Auf dieses Verhalten kommt es beim Lernen im Unterricht an:

- Der Lehrkraft zuhören
- Den Äußerungen der anderen Schüler/innen zuhören
- Sich auf den Stoff konzentrieren
- Sich nicht ablenken lassen
- Den Mut aufbringen, nachzufragen, wenn man etwas nicht verstanden hat
- Sich am Unterrichtsgespräch beteiligen
- Den Anweisungen der Lehrkraft folgen
- Sich melden

Machen Sie Ihrem Kind klar, dass es viel Sinn macht, die Lehrkraft als Lernhelfer oder als „Coach" zu betrachten. Aber bitte im Sinne eines Trainers, der Leistung und stetige Verbesserung der Leistung fordert. Und eines der probatesten Mittel, im Unterricht aufmerksam zu bleiben, besteht darin, die Lehrkraft oder andere sich äußernde Gesprächsteilnehmer anzusehen. Wer dauernd aus dem Fenster sieht oder heimlich Liebesbriefe schreibt, wird dem Gang der Dinge natürlich nicht folgen können. Und machen Sie Ihrem Kind auch klar: Anstrengung in der Schule lohnt sich. Gute Leistungen stehen in engem Zusammenhang mit Anstrengung.

Mit freundlichen Grüßen

Ihr(e)

Service für Eltern: Zusammenarbeit von Schule und Elternhaus

Liebe Eltern,

Ihr Kind hat die Schule sicher erreicht. Es klingelt zum Unterricht. Die Klassentür schließt sich. Die Stunde beginnt.

Geben Eltern ihre erzieherische Verantwortung vor der Schultür ab? Ist ihr Einflussbereich auf das eigene Haus und den eigenen Hof beschränkt? Können Sie als Eltern etwas dazu beitragen, dass Ihr Kind sich in der Schule angemessen verhält, sich mit anderen Kindern verträgt und im Rahmen seiner Möglichkeiten gut mitarbeitet? Aber gewiss können Sie das!

Die Annahme, dass die Gleichung „Verhalten in der Schule ist Lehrersache" aufgeht, ist schlicht und einfach falsch. Die Formung des Verhaltens in der Schule ist Lehrer- **und** Elternsache. Auch auf das Leistungsverhalten in der Schule können Eltern erheblichen Einfluss nehmen.

Wir werden Ihnen bei Gelegenheit Checklisten und genaue Hinweise geben, wie Sie Ihr Kind zu mehr Interesse an schulischen Themen bringen und zur besseren Mitarbeit im Unterricht anregen können.

Hier nun ein allgemeiner, aber wichtiger Punkt, auf den wir Sie aufmerksam machen möchten: Bitte, denken Sie daran, dass Schule und Elternhaus ein gemeinsames Ziel haben, nämlich Ihrem Kind möglichst viel beizubringen.

Daher müssen Schule und Elternhaus gut zusammenarbeiten. Schule und Elternhaus sind eben nicht zwei vollkommen unabhängig voneinander operierende Institutionen. Schließlich ist Ihr Kind, oder unsere Schülerin bzw. unser Schüler, der gemeinsame Nenner unserer Bemühungen.

Wir wollen, dass unsere Schülerinnen und unsere Schüler Fortschritte machen und **Sie** wollen, dass Ihre Tochter oder Ihr Sohn Fortschritte macht. Wir haben also ein gemeinsames Interesse. Und dieses Interesse müssen Sie vor Ihrem Kind deutlich machen. Denn wenn Sie Interesse zeigen, interessiert sich auch Ihr Kind mehr für die Schule.

Mit freundlichen Grüßen

Ihr(e)

Service für Eltern: Interesse bekunden (Checkliste I)

„Mein Kind ist an schulischen Dingen wenig interessiert. Das ist nun mal so. Da kann ich nichts dran machen ...", so hört man manche Eltern sagen.
Doch, Sie können!
Eins der besten Mittel Interesse zu wecken, ist, als Eltern eigenes Interesse zu zeigen. Was heißt das im Einzelnen?

Checkliste I: Interesse an der Schule

Sie sollten möglichst viele der folgenden Fragen mit JA beantworten können:

	JA	NEIN
• Reden Sie mit Ihrem Kind – schulnotenunabhängig!!! – über schulische Belange?		
• Fordern Sie Ihr Kind gelegentlich auf, das „Angebot Schule" sinnvoll zu nutzen?		
• Machen Sie positive Bemerkungen über die Schule Ihrer Kinder?		
• Zeigen Sie Interesse an den Lerninhalten (Themen), mit denen sich Ihr Kind jeweils beschäftigt?		
• Bemerken und kommentieren Sie positiv Lernfortschritte Ihres Kindes?		
• Loben Sie Ihr Kind für notenunabhängige Aktivitäten in der Schule?		
• Lassen Sie sich regelmäßig „Schulprodukte" zeigen: Mappen, Hefte, Zeichnungen, Werkstücke?		
• Lassen Sie sich von besonders gelungenen Produkten Kopien machen?		
• Informieren Sie sich über besondere Schulprojekte?		
• Informieren Sie sich über die Stimmung in der Klasse Ihres Kindes?		
• Besuchen Sie regelmäßig die Elternabende?		
• Nutzen Sie Hospitationstage?		

Service für Eltern: Interesse bekunden (Checkliste II)

Interesse an der Schule beinhaltet auch allgemeines Nachdenken über die Schule. Darüber hinaus können auch häusliche Aktivitäten auf schulische Aktivitäten abgestimmt werden.

Checkliste II: Interesse an der Schule

Sie sollten möglichst viele der folgenden Fragen mit JA beantworten können:

	JA	NEIN
• Denken Sie gelegentlich über die Frage nach, wozu die Schule da ist? Und reden Sie mit Ihrem Kind darüber?		
• Beziehen Sie schulische Belange in den häuslichen Stundenplan ein?		
• Verschaffen Sie sich einen Überblick über das, was Ihr Kind jeweils in der Schule lernt, um ihm als Gesprächspartner zur Verfügung zu stehen?		
• Geben Sie Ihrem Kind gelegentlich „Studentenfutter" in Form von Anregungen oder Lektüretipps, die auf die Lernthemen bezogen sind?		
• Rufen Sie die Lehrkraft Ihres Kindes im Falle sachlicher Ratlosigkeit an und bitten um Hilfe?		
• Verteidigen Sie gelegentlich die Position der Schule gegen die Meinung Ihres Kindes?		
• Haben Sie sich über die Schulordnung der Schule informiert und haben Sie die wesentlichen Punkte mit Ihrem Kind besprochen?		
• Besuchen Sie die angebotenen Schulveranstaltungen?		
• Bieten Sie Hilfe bei Schulveranstaltungen an?		
• Haben Sie schon einmal über die Elternarbeit Ihrer Schule nachgedacht?		
• Sind Sie bereit, in einen kritisch-konstruktiven Dialog in Sachen Elternarbeit mit Ihrer Schule zu treten?		

Service für Eltern: Interesse bekunden (Elternbrief)

Warum themenbezogene Gespräche zu mehr Lernerfolg führen

Liebe Eltern,

wenn Sie an den Themen, mit denen sich Ihr Kind in der Schule beschäftigt, Interesse bekunden und entsprechende Fragen stellen, wirkt das motivations- und leistungssteigernd. Viele Eltern sind sich nicht darüber im Klaren, dass Sie hier geradezu **als „Leistungsbooster"** wirken können.

Wenn Ihr Kind das Thema „Ritter und Burgen" in der Schule behandelt und Sie unterhalten sich nachmittags zwanglos über das Thema, dann lassen Sie Ihr Kind zunächst den Stoff wiederholen. **Wiederholung führt zur Festigung des Wissens.** Da Sie nun auch über ein Grundwissen über Ritter und Burgen verfügen, werden Sie diesen und jenen Punkt zum Thema hinzufügen. Das führt zur Erweiterung des Wissens.

Darüber hinaus werden Sie – und auch Ihr Kind! – in einer zwanglosen Unterhaltung Fragen stellen, die zu einer **Vertiefung** führen.

Außerdem ergeben sich fast immer interessante Vernetzungen. Man erinnert sich an ein Buch oder Film zum Thema. Oder aber man nimmt sich vor, auf der nächsten Urlaubsreise eine Burg zu besichtigen. Möglicherweise möchte Ihr Kind aufgrund Ihrer Anregungen einen Teilaspekt des Themas, z. B. mittelalterliche Waffentechnik oder Baukunst, in eigener Regie genauer erforschen. Also holt es sich ein Lexikon und sieht sich genau an, wie eine Wurfmaschine funktioniert oder wie die Balken in Fachwerkhäusern zusammengefügt sind.

Und schließlich muss noch hinzugefügt werden, dass die bloße Tatsache, dass Sie sich für Schulthemen interessieren, dazu führt, dass Ihr Kind merkt, dass es nicht ins Blaue hinein lernt, dass Erwachsene Schulthemen ernst nehmen, dass man grundsätzlich das Erlernte in Unterhaltungen einfließen lassen kann.

Sprechen Sie also mit Ihrem Kind über das, was es in der Schule lernt. Auf geradezu spielerische Weise tun Sie damit etwas für den Lernerfolg Ihres Kindes.

Mit freundlichen Grüßen

Ihr(e)

Service für Eltern: Interesse bekunden (Elternbrief)

Beispiele für themengebundene Gespräche

Liebe Eltern,

Interesse bekunden. Fragen stellen. Was ist damit konkret gemeint? Hier zwei Beispiele.

In der 5. Klasse wird das **Thema „Gelenke des Menschen"** durchgenommen. Ihre Tochter/Ihr Sohn zeigt Ihnen ein selbst gezeichnetes Scharniergelenk und fragt, ob es richtig gezeichnet ist. Sie verwickeln Ihre Tochter/Ihren Sohn in ein Gespräch über Gelenke am menschlichen Knochengerüst.

„Welche Gelenke gibt es noch am menschlichen Knochengerüst?" Sie verweisen auf Parallelen zur Technik: „Wo gibt es im Haushalt Gelenke?" Sehen Sie sich die Türscharniere mit Ihrem Kind noch einmal genau an.

„Kannst du mir den Aufbau eines Gelenkes erklären?" „Welches Körperteil hat die meisten Gelenke?"
Machen Sie auf eigene Erfahrungen mit der Überbeanspruchung von Gelenken aufmerksam. „Ich hatte mehrfach einen ausgekugelten Oberarm. Kannst du mir das komische Wort ausgekugelt erklären?"

Erklären Sie noch einmal, was eine Verrenkung ist. „Warum sind einige Sportarten für die Gelenke gefährlich?" „Was muss man im Falle einer Verrenkung tun?" Haben Sie im Haushalt noch eine alte Bandage für Ihr wackeliges Erwachsenenknie liegen? Na, dann zeigen Sie sie doch Ihrem Kind. Und fragen sie noch einmal nach, warum ausgerechnet Eishockeyspieler mit Knie- und Schulterschutz auf die Eisfläche gehen.

Sie haben längst gemerkt, worum es geht. Sie bekunden Interesse, vertiefen das Wissen durch Wiederholung, lassen das Vorwissen anwenden, **geben Impulse** und erweitern das Wissen durch muntere Zickzackfragen. **Der Gehirnspeicher Ihres Kindes füllt sich.**

***

Hier ein anderes Beispiel: Thema **„Ritter und Burgen"** (Klassenzuordnung ist schwierig. Das wird manchmal schon in der Grundschule unterrichtet). Da kann jeder Vater und jede Mutter mitreden.

Also: Ihr Kind zeigt Ihnen einen Arbeitsbogen mit einer Burg.
„Ihr behandelt Ritter und Burgen. Erzähl mal, was gerade dran ist." Ihr Kind berichtet von Turnieren. „Jaja, das lief damals anders als heute ein Tennisturnier. Weißt du, welche Waffen benutzt wurden?" „Warum brauchten Ritter Knappen?"

„Warum haben sich schwere Rüstungen als nachteilig erwiesen?"

Ihr Kind erzählt von einem Schulfilm, in dem die Belagerung einer Burg gezeigt wird. „Konnte man Burgen überhaupt erstürmen?" „Wie dick waren die Mauern einer Burg?" „Gab es in unserer Gegend auch Burgen?" „Kennst du Städtenamen, in denen das Wort *Burg* vorkommt?"

Sie wissen, dass im Bücherregal ein Buch über Burgen steht. Empfehlen Sie es Ihrem Kind.

Sie wohnen in der Nähe einer mittelalterlichen Stadt? Machen Sie Ihr Kind auf die Befestigungsanlagen aufmerksam. Oder noch besser: Planen Sie einen Ausflug zur nächsten Burg oder zur nächsten mittelalterlichen Stadt.

Es gibt eine Fülle von Möglichkeiten, Themen des Schulunterrichts ganz ohne erhobenen pädagogischen Zeigefinger oder Übungsstress „nachzubereiten". Wenn Sie eine solche Nachbereitung wirklich durchführen, helfen Sie Ihrem Kind auf effektive Weise Lernstoffe zu speichern.

Mit freundlichen Grüßen

Ihr(e)

Service für Eltern: Mitarbeit ankurbeln (Checkliste)

Checkliste Mitarbeit:

Interesse bekunden ... – nun ja, damit haben Sie ja noch nicht automatisch die Mitarbeit Ihres Kindes angekurbelt. Stimmt! Mit automatischem Ankurbeln ist sowieso nichts! Aber mit dem **Bekunden von Interesse an schulischen Dingen** haben Sie eine gute Grundlage für Mitarbeit und Beteiligung am Unterricht gelegt. Wenn Sie außerdem Ihr Kind ermuntern und ermahnen und die folgenden Punkte beachten, wird es mit der Mitarbeit noch besser klappen.

Machen Sie Ihrem Kind klar, worum es bei der Mitarbeit in der Schule geht:

- Zuhören
- Sich melden
- Mitlesen
- Sich auf das Unterrichtsthema konzentrieren
- Mitschreiben
- Mitdiskutieren.

Wie bekommen Sie heraus, ob Ihr Kind gut mitarbeitet?

- Durch freundliche Nachfrage bei Ihrem Kind
- Durch freundliche Nachfrage bei der Lehrkraft
- Durch Vorlage der Arbeitsergebnisse in Heften, Mappen und Ordnern
- Durch Studium der Verhaltensvermerke in den Zeugnissen.

Und wenn Sie herausbekommen, dass Ihr Kind nicht mitarbeitet? Dann ...

- Lassen Sie Ihr Kind eine Selbstbeobachtung in Form einer Strichliste (z. B. auf einer Karteikarte) durchführen. Wie oft habe ich mich in Deutsch gemeldet?
- Bitten Sie die Lehrkraft um genauere Informationen. Auch die Lehrkraft kann eine Beobachtung in Form einer Statistik durchführen.
- Bitten Sie die Lehrkraft um Ausfüllung eines Rückmeldebüchleins (Verhaltensbüchlein), in dem genauere Angaben gemacht werden.

Bei positiver Rückmeldung belohnen Sie Ihr Kind.

Service für Eltern: Mitarbeit ankurbeln (Elternbrief)

Anleitung zur Selbstbeobachtung der Mitarbeit im Unterricht (anhand eines Klassen- oder Fachlehrerbriefs)

Liebe Eltern,

wie bekommen Sie heraus, ob Ihr Kind im Unterricht gut mitarbeitet? Eine Möglichkeit besteht darin, dass Sie Ihr Kind in die Kunst der Selbstbeobachtung einweisen. Mit einer Strichliste kann man die Häufigkeit des Auftretens vorher festgelegter Verhaltensweisen protokollieren. Das kann ganz unauffällig geschehen.
Es geht viel einfacher, als Sie denken. Der Trick besteht darin, das Kind auf das problematische Verhalten aufmerksam („sensibel") zu machen. Es soll auf sich selbst achten. Die Strichliste ist eigentlich nur das „Medium" dazu.
Gehen Sie wie folgt vor: Sie sagen Ihrem Kind: „Wir wissen, dass du dich in den Deutschstunden zu selten meldest. Das ist schade, denn wir wissen auch, dass du gute Beiträge bringen kannst. Daher legen wir jetzt eine Strichliste fürs Melden an. Immer, wenn du dich meldest, machst du einen Strich. So beobachtest du dich selbst. Klarer Fall, dass du dich nur melden sollst, wenn du einen vernünftigen Beitrag im Kopf hast. Also nicht einfach drauflos melden. Freitag zählen wir die Striche aus."
Bitte setzen Sie mich als Fachlehrkraft in Kenntnis (Anruf oder Zettel mitgeben), damit ich mich nicht wundere, wenn Ihr Kind mit der Liste hantiert. Schnappen Sie sich eine kleine Karteikarte. Sie beschriften sie. Montag bis Freitag z. B. mit der Kennzeichnung der Deutschstunde. Unter jede Stunde kommt ein Kästchen. In dieses Kästchen kommen die Meldestriche.
Zu Beginn meiner Deutschstunde legt das Kind die Karte auf den Tisch (Dahin, wo's nicht stört, z. B. auf die obere Tischecke) Und schon geht's los. Schreiben Sie unten auf die Karte eine „Formel" wie diese: „Ich kann, wenn ich will. Und ich will jetzt!"
Verabreden Sie mit Ihrem Kind, wie viele Striche es braucht, um eine Belohnung zu bekommen. Sagen Sie ihm, dass es nicht schummeln darf und dass Sie sich Rückfragen bei der Lehrerin / beim Lehrer vorbehalten.

Deutschstunde
So oft habe ich mich gemeldet:

Mo. 1. Std	**Di.** 4. Std	**Mi.** 3. Std.	**Do.** 3. Std	**Fr.** 2. Std

Haben Sie noch Fragen? Rufen Sie mich einfach an.

Mit freundlichen Grüßen

Ihr(e)

Elterninformation: Ein Auge auf die Hausaufgaben werfen (Schulbrief)

Liebe Eltern,

viele Eltern und Schüler stöhnen bei dem Wort **Hausaufgaben** laut auf. „Müssen die überhaupt sein?" Über das Thema Hausaufgaben kann man sich natürlich lange streiten.

Das wollen wir hier aber nicht. Wir teilen Ihnen kurz mit, warum wir Hausaufgaben erteilen und welchen Grundsätzen wir bei der Erteilung folgen. Und schließlich geben wir Ihnen Tipps, wie Sie Ihre Kinder bei der Erledigung der Hausaufgaben unterstützen können. Hausaufgaben sollen das, was in der Schule gelernt wurde, festigen. Das neue Wissen soll angewendet und auf ähnliche Bereiche übertragen werden.

Da wir keine Ganztagsschule haben und das Stundenangebot für unsere Schülerinnen und Schüler nicht als üppig zu bezeichnen ist, halten wir es für sinnvoll, Hausaufgaben zu erteilen. Wir tun dies mit Augenmaß. Wir wollen die Schulzeit nicht mit Hausaufgaben verlängern. Und natürlich wollen wir Sie als Eltern nicht als Nachhilfelehrer ausnutzen.

Da Hausaufgaben der Nachbereitung und Anwendung dienen, sollten die Schülerinnen und Schüler immer imstande sein, die Aufgaben zu lösen. Wenn das nicht der Fall ist, sollten Sie Kontakt zur Lehrkraft aufnehmen.
Die Zeit, die zur Erledigung der Hausaufgaben benötigt wird, kann nicht genau festgelegt werden. Wenn Ihr Kind jedoch jeden Tag mehr als ___ Stunden an den Hausaufgaben sitzt, sollten Sie mit den Lehrkräften der Klasse sprechen.

Im Übrigen gilt, dass jeder Lehrer oder jede Lehrerin Hausaufgaben in eigener Verantwortung erteilt. Fragen Sie also auf einem Elternabend nach, wie's z. B. der Bio-Lehrer mit Hausaufgaben hält. Mancher Lehrer erteilt immer Hausaufgaben. Manche Lehrerin erteilt je nach Maßgabe des Lernstoffes, also von Fall zu Fall, Hausaufgaben. Und andere Lehrkräfte wiederum erklären, dass sie gar keine Hausaufgaben erteilen.

Damit die Sache mit den Hausaufgaben besser klappt, geben wir Ihnen in einem Folgebrief einige Hinweise, wie Sie und Ihr Kind ökonomisch an die Aufgaben herangehen können. Wenn Sie bemerken, dass Ihr Kind grundsätzlich zu viel Zeit für die Erledigung der Hausaufgaben braucht, nehmen Sie Kontakt zur Schule auf. Entweder geben die Lehrkräfte zu viel Hausaufgaben auf oder Ihr Kind hat ernst zu nehmende Schwierigkeiten mit der Lösung der Aufgaben. In diesem Fall ist eine Überprüfung durch die Schule notwendig.

Mit freundlichen Grüßen

Ihr(e)

Service für Eltern: Hilfe bei den Hausaufgaben (Schulbrief)

Liebe Eltern,

wir wollen uns im Folgenden kurz mit der Frage beschäftigen, wie Sie Ihrem Kind bei der Erledigung der Hausaufgaben helfen können. Wir können uns hier nur sehr allgemein fassen, weil die Hausaufgabenstellung von Fach zu Fach und von Mal zu Mal eine andere ist.
Zuerst weisen wir darauf hin, dass es vorteilhaft ist, eine **feste Zeit** für die Hausaufgaben einzuteilen, die möglichst immer eingehalten wird. Nach dem Mittagessen kurze Pause, und dann geht's los. Ebenfalls wichtig: Hausaufgaben werden immer an einem bestimmten Arbeitsplatz gemacht. **Am Schreibtisch im Kinderzimmer!** Nicht am Küchentisch, oder nach Lust und Laune am Wohnzimmertisch oder auf dem Balkon.
Schlagen Sie Ihrem Kind vor, sich einen Plan anzulegen, in welcher **Reihenfolge** die Aufgaben erledigt werden. Zuerst kommen die Aufgaben dran, die das Kind schon gut lösen kann. Dann die schwierigeren Aufgaben. Zuletzt die Routineaufgaben. Also Anmalen, Ordnen der Mappen und Ähnliches.
Und nach den Hausaufgaben immer die Tasche packen und kontrollieren, ob alles an Bord ist. Das ist dann auch das grüne Licht für die Freizeit.
Nun wird oft die Frage gestellt, ob Eltern bei der Erledigung der Hausaufgabe direkt eingreifen und helfen sollen. Hier kann man wiederum nur wenige generelle Angaben machen. Wenn Sie es genau wissen wollen, fragen Sie die „Hausaufgaben stellende" Lehrkraft. Die folgenden Punkte gelten aber grundsätzlich:
Springen Sie nicht gleich auf, wenn Ihr Kind nur kurz aufschaut. Ermuntern Sie zu selbstständigem Arbeiten. Zum Beispiel so: „Bleib ruhig. Versuch es noch einmal." Oder indem Sie Zuversicht vermitteln: „Das schaffst du schon." Wenn Sie helfen, dosieren Sie die Hilfe so, dass Ihr Kind dennoch einzelne Schritte allein geht.
Prüfen Sie, ob Aufgaben deswegen nicht gelöst werden können, weil Vorkenntnisse fehlen. Frischen Sie die Vorkenntnisse auf, wenn es um einfache Sachverhalte geht. Wenn gravierende Lücken vorliegen, nehmen Sie bitte Kontakt zur Lehrkraft auf und leiern Sie eine systematische Wiederholung an.
Wenn Sie Fehler in der Rechtschreibung entdecken, fordern Sie Ihr Kind zur eigenen Kontrolle auf: „In der dritten Zeile steckt der Fehler." Loben Sie Ihr Kind für selbstständige und gute Arbeit. Loben Sie es auch dann, wenn es nicht damit rechnet: „Deine Schrift gefällt mir. Die Zeichnung ist dir toll gelungen."
Wenn Sie bemerken, dass Ihr Kind grundsätzlich zu viel Zeit in die Hausaufgaben investieren muss, sollten Sie mit dem Klassenlehrer sprechen. Entweder geben die Lehrkräfte zu viel Hausaufgaben auf oder Ihr Kind hat ernst zu nehmende Schwierigkeiten mit der Lösung der Aufgaben. In diesem Fall ist eine Überprüfung durch die Schule notwendig.
Im Übrigen gilt, und hier sollten Sie uns beim Wort nehmen, wenn Sie Fragen haben, sollten Sie diese stellen. Wir werden uns um eine Antwort bemühen.

Mit besten Grüßen
Ihr(e)

2.1.4 Schnittstellen und Plattformen zur Kommunikation suchen und nutzen

- Elternabende als Chance begreifen
- Elternabende zum Themenabend machen
- Elternabend zum Programmabend anbieten
- Elternabend als Kommunikationsabend gestalten
- Kompakte Informationen anbieten: Elternschule
- Das Internet nutzen: Homepage-Arbeit

Sie haben Ihren Eltern bereits Infos ausgehändigt und Rundbriefe geschickt. Doch es bleibt noch viel zu sagen, weil Sie noch viele Ideen abrufbereit im Kopf haben. Wo werden Sie Ihre guten Ideen los? Wie kommen Sie an die Eltern heran?

Nutzen Sie zunächst die **Schnittstelle zwischen Schule und Elternhaus**: die schulrechtlich geforderte Zusammenkunft von Eltern und Lehrkräften, den Elternabend. Achten Sie nun aber darauf, dass der Elternabend, oder besser: die Elternabende, nicht zu einer langweiligen Pflichtveranstaltung werden. Nutzen Sie Elternabende als Kommunikationsplattform, um das Interesse der Eltern an schulischen Angelegenheiten zu wecken und knüpfen Sie Kontakte, die zu weiteren Aktivitäten führen.

In diesem Kapitel geht es um **verschiedene Möglichkeiten, Elternabende interessant zu gestalten**. Sodann wird die **Idee „Elternschule“** vorgestellt. Und schließlich wird vorgeschlagen, auch das Internet zur Elternarbeit zu nutzen.

Elternabend - Pflichtübung oder Chance?

„Lieber drei Stunden Unterricht als eine Stunde Elternabend,“ so stöhnen viele Lehrerinnen und Lehrer. Tatsächlich werden viele Elternabende nach einem sturen Schema heruntergespult. Lehrkräfte erläutern den Stundenplan, klären schulrechtliche Fragen und klagen über das Verhalten der Klasse. Eltern fragen nach dem nächsten Klassenfest. Und dann gehen alle wieder nach Hause. Abhaken. Das war's dann.

Aber das war's auch nur, wenn überhaupt Eltern erschienen sind. In Haupt- und Sonderschulen machen Lehrkräfte gelegentlich auch die Erfahrung, dass sie am Elternabend allein im Klassenzimmer sitzen. Viele Eltern ziehen es vor, zu Hause zu bleiben. Die Klagen über mangelndes Elterninteresse an Elternabenden nehmen zu.

Nun ja, liebe Leserin und lieber Leser, Sie müssen sich entscheiden. Entweder Elternabend als Pflichtprogramm, das lustlos abgespult wird, oder aber **Elternabend als Plattform für eine dynamische, aktivierende Elternarbeit**, die über das amtlich Vorgeschriebene weit hinaus geht. Nutzen Sie Elternabende, Interessen zu wecken, Kontakte zu knüpfen, Initiativen freizusetzen, die der gesamten schulischen Arbeit zugute kommen. Erfüllen Sie Elternabende mit Leben und denken Sie sich ein Programm aus, das immer Punkte enthält, die Eltern zu Eigenaktivität auffordert. Nutzen Sie die Zeit, Eltern inhaltsreich zu informieren. Formalien wie Wahlen und Protokolle sind nebensächlich. **Auf ein gutes Programm kommt es an.**

Es ist hier nicht der Ort, über den Ablauf und über die Gestaltung von Elternabenden zu unterrichten. Mir geht es lediglich darum, darauf hinzuweisen, dass es Mittel und Möglichkeiten gibt, **Elternabende so zu gestalten, dass sie für Eltern eine gewisse Attraktivität besitzen** und dass sie für Sie, als Klassenlehrerin oder Klassenlehrer, als Plattform zur positiven Beeinflussung der Eltern dienen kann.

Dass Sie bei der Terminierung darauf achten, dass nicht gerade das Fußballspiel Deutschland gegen Brasilien im Fernsehen gezeigt wird und dass Sie die Atmosphäre Ihres Elternabends durch eine sinnvolle Sitzordnung und vielleicht auch durch Ausgabe von Getränken günstig beeinflussen können, muss ich Ihnen auch nicht noch einmal sagen. Das wissen Sie längst.

Wohl aber sollte ich Sie darauf hinweisen, dass es gut ist, auf jedem Elternabend einen **Köder auszulegen**, damit möglichst viele Eltern anbeißen, wenn Sie Ihre Einladung verschickt haben. Haben Sie noch die Bildermappe vom letzten Klassenfest? Teilen Sie den Eltern mit, dass sie im Verlaufe des Abends diese Bilder sehen können. Oder noch besser: den Videofilm, den sie vor zwei Monaten unter dem Titel „Das sind wir, die Klasse 5a!“ gedreht haben, den machen Sie zu einem Programmpunkt. Eltern lieben es, ihre Kleinen in einem Videofilm zu sehen.

Wenn Sie nun darauf aus sind, Themen auf dem Elternabend zu behandeln, die für Ihre schulische Arbeit wichtig sind, können Sie die Eltern schon vorher darauf vorbereiten, indem Sie Ihnen einen „Vorwegbrief“ schreiben. In ihm können Sie einerseits eine Liste der Themen vorlegen, die Sie für besonders wichtig halten und andererseits können Sie erkunden, welche Themen den Eltern besonders interessant erscheinen.

Der **Brief** kann wie folgt aussehen:

Elternvorbrief für Elternabend

Liebe Eltern,

wie Sie wissen, liegt mir sehr daran, eine intensive Elternarbeit zu betreiben. Elternabende möchte ich nutzen, neben den üblichen Tagesordnungspunkten mit Ihnen über schul- und erziehungsbedeutsame Fragen zu diskutieren. Nun würde ich gerne wissen, für welche Themen Sie sich besonders interessieren. Ich habe eine Liste aufgestellt, auf der Sie bitte jene Themen ankreuzen, die Ihnen besonders unter den Nägeln brennen. Kreuzen Sie bitte nur 3 Themen an. Das Thema, über das Sie auf dem nächsten Elternabend sprechen wollen, versehen Sie bitte mit einem Kreuz.

Die folgenden Themen sollten auf einem Elternabend behandelt werden:

❏ Schulorganisation

❏ Schulrechtsfragen

❏ Information zu Schulfächern (bitte Fach angeben)

❏ Fragen zu Schulveranstaltungen: Schulfest, Klassenfest, Wanderfahrt

❏ Lern- und Lehrmethoden

❏ Benotungsrichtlinien

❏ Wie helfe ich meinem Kind am besten?

❏ Überforderung und Unterforderung

❏ Verhaltensstörungen

❏ Gewalt in der Schule

❏ Welchen Lesestoff für mein Kind?

❏ Fragen zu den Hausaufgaben

❏ Allgemeine Erziehungsfragen

❏ Strafen in der Erziehung

❏ Sexualerziehung

❏ Sonstige Themenvorschläge: ....

Bitte lassen Sie diesen Brief in die Schule zurückbringen!
Mit freundlichem Gruß

Am **Beispiel des Vorbriefes** sehen Sie, worauf wir hinaus wollen. Es geht um die inhaltliche Anreicherung von Elternabenden. Den Schwerpunkt des Abends bildet die Information über ein pädagogisch bedeutsames Thema.

Nehmen wir das Thema „Gewalt in der Schule". Wenn Sie die Eltern für dieses Thema sensibilisieren und wenn es Ihnen gelingt, sie für eine intensive Zusammenarbeit zu gewinnen, werden Ihre Maßnahmen gegen Gewalt erheblich erfolgreicher sein, als wenn Sie als Einzelkämpfer im Klassenzimmer agieren.

Die **Tagesordnung für den Elternabend** könnte dann so aussehen:

1.) Begrüßung

2.) Organisatorische und schulrechtliche Fragen

3.) Gewalt in der Schule

  a.) Kurze Einführung durch den Klassenlehrer/ die Klassenlehrerin

  b.) Videofilm zur Verdeutlichung der Problematik
  (Den bekommen Sie in jeder Stadtbildstelle.)

  c.) Maßnahmen gegen Gewalt an unserer Schule

  d.) Diskussion

4.) Verschiedenes.

Ähnlich strukturierte Elternabende können Sie über jedes der im Vorbrief angegebenen Themen gestalten.

Elternbrief an Eltern, die selten auf dem Elternabend erscheinen

Sie ärgern sich schon lange darüber, dass Ihre Eltern zu selten auf dem Elternabend erscheinen? Na, dann sagen Sie's ihnen doch. Z. B. so:

Liebe Eltern,

darf ich Sie anlässlich der bevorstehenden Elternabende noch einmal darauf aufmerksam machen, dass es eigentlich selbstverständlich ist, dass Sie als Erziehungsberechtigte auch wirklich kommen. Wir machen in unserer Schule zu oft die Erfahrung, dass die Lehrkräfte in leeren oder fast leeren Klassenräumen sitzen. Das ist umso bedauerlicher, als wir an unserer Schule viele Schüler/innen mit schwerwiegenden Problemen haben.

Lassen Sie mich das klipp und klar sagen: Wenn Eltern ohne stichhaltige Gründe nicht am Elternabend teilnehmen, verletzen Sie ihre Erziehungspflicht, zumindest dann, wenn es sich um schwierige Kinder handelt. (Und davon haben wir ja – siehe oben! – genug.) Daher noch einmal an die Fernbleiber unter Ihnen: Nur wenn wir zusammenarbeiten, nur wenn wir gemeinsam an einem Strang ziehen, können wir das aus Ihren Kindern herausholen, was herauszuholen ist.

Und vergessen Sie nicht: Mangelndes Interesse Ihrerseits an schulischen Belangen färbt auf Ihre Kinder ab. Sie als Eltern stehen bei der Erziehung in der ersten Reihe – was ja wohl auch klar ist. Schließlich haben Sie sie in die Welt gesetzt! – Und Sie sind für eine gute oder schlechte Zukunft Ihrer Kinder verantwortlich. Dazu gehört an ganz wichtiger Stelle, dass Sie sich um die schulischen Belange kümmern.

Oft müssen wir feststellen, dass Eltern sich erst melden, wenn's rasant abwärts geht. Dann ist es meistens zu spät. Und dann heißt es oft: Die Schule hat sich nicht gekümmert. Diesen Vorwurf lassen wir nicht gelten.

Also, besuchen Sie die Elternabende und nehmen Sie auch andere schulische Termine wahr!

Denken Sie immer daran: Nur gemeinsam können wir's schaffen. Wir hoffen auf eine gute Zusammenarbeit.

Mit freundlichen Grüßen

Ihr(e)

Alternativer Elternabend: Ein Programm mit Schülern (Beispiel Einladung)

Wenn Sie die Eltern in die Schule locken wollen, bietet es sich an, **mit den Schülern ein Programm zu erarbeiten**, das auf einem Elternabend oder Elternnachmittag dargeboten wird. Auch das ist eine Möglichkeit, Eltern zu zeigen, was in der Klasse in puncto Lernen geschieht. Einzelheiten entnehmen Sie bitte der folgenden **Einladung** und dem folgenden Programm.

Einladung zu einem „Nicht nur Elternabend"
am 15.6.200... im Klassenraum der Klasse 5b
um 18.30 Uhr

Liebe Eltern,

heute möchte ich Sie zu einem Elternabend einladen, der den Rahmen des Üblichen sprengt. Wir wollen an diesem Abend keine schulrechtlichen Fragen besprechen oder über Disziplinprobleme diskutieren. Vielmehr wollen wir – und damit sind Schülerinnen und Schüler und Lehrkräfte gemeint! – vorstellen, was wir in den letzten Monaten gelernt haben. Außerdem – als Prise Salz in der Suppe – präsentieren einige Schülerinnen und Schüler Fähigkeiten und Fertigkeiten besonderer Art.
Und zwar nach dem **Motto: Wer hätte gedacht, dass wir das können!**
Was also erwartet Sie? Keine übliche Ausstellung. Keine Prüfung und keine Abfrageveranstaltung. Aber ein Einblick in das, was wir gemacht haben. Sie können in Hefte und Mappen schauen. Sie können Bilder und Werkstücke bestaunen. Sie können aber auch einmal die Lernprogramme, mit denen wir in der Klasse arbeiten, ausprobieren. Außerdem zeigen wir einen selbst gedrehten Videofilm. Und anschließend gibt es ein Programm, in dem der „Lernstand" der Klasse deutlich wird.

- Leseproben
- Gedichte
- Rechenspiele (Das können Sie als Eltern mitmachen.)
- Ein Erdkunde-Quiz
- Ein Schüler erklärt Wetterkarten
- Blockflöteneinlagen
- Einstudierte Lieder
- Zaubertricks
- Jongliereinlagen.

Richtig, Sie haben's längst erkannt. Das ist kein Elternabend. Das ist **ein Eltern-Kinder-Lehrkraft-Abend.** Damit die Kinder rechtzeitig ins Bett kommen, fangen wir früh an. Nämlich um 18.30 Uhr.
Haben wir Sie neugierig gemacht? Dann kommen Sie und staunen Sie.

Ihre Klasse 5b

So kann ein Programm für einen „Nicht nur Elternabend“ aussehen

Programm:

- Begrüßung durch den Klassenlehrer (die Klassenlehrerin)
- Begrüßungslied der Klasse
- Zeit zum Umschauen: Besichtigung der ausgestellten Arbeiten, Lehrmittel, Lernmitteln, Möglichkeit mit Lehr- und Lernmitteln (inklusive Computerprogramm) selbst umzugehen. Gespräche zwischen Schülerinnen und Schülern und Eltern.
- Leseproben: Schülerinnen und Schüler lesen bekannte und unbekannte Texte vor.
- Vortragen von Gedichten
- Blockflötenvorspiel
- Witziges Tafelrechnen
- Vorstellen von Rechentricks
- Ein Schüler stellt Kartentricks vor.
- HSU-Quiz unter Beteiligung der Eltern
- Demonstration von Zeichnen und Malen an der Tafel
- Zaubertricks
- Musikalisches Zwischenspiel
- Demonstration von angewendetem Wissen aus dem Sachunterrichtsbereich: Erklärung der aktuellen Wetterkarte (die man aus dem Internet holt)
- Interview mit einem Geschichtsprofessor. Schüler, die sich in Geschichte besonders auskennen, werden interviewt.
- Gedächtnis- und Denkspiele unter der Leitung von Schülern
- Ausklang mit einem Lied

Elternabend als Kommunikationsabend

Oder aber Sie realisieren einen ganz anderen Elternabend. Laden Sie alle, die dazu beitragen, dass Unterricht in Ihrer Klasse möglich ist, zu einem **Kommunikations- und Unterhaltungsabend** ein. Sie haben richtig gelesen: Alle, die mit Ihrem Schulehalten irgendwie und irgendwo in Verbindung stehen. Also: alle Eltern, alle Lehrkräfte, den Hausmeister, die Reinmachefrauen, die Schulsekretärin, den Schulleiter, den Oberinspektor aus dem Schulamt.

Öffnen Sie nicht nur das Klassenzimmer, sondern auch die Fachräume, die Ihre Klasse nutzt. Die Eingeladenen dürfen nun an **Mini-Unterrichtsdemonstrationen** teilnehmen. Z. B. an einem physikalischen Experiment. Sie dürfen mit Computerprogrammen arbeiten. Sie können ein kleines Werkstück produzieren. Während dieser Phase des Abends geht es darum, Eltern und anderen Gästen zu zeigen, was die Kinder während der Schulzeit so treiben und damit Interesse für die Schülertätigkeiten zu wecken.

In einer zweiten Phase führen Sie Ihre Gäste wieder zusammen, indem Sie einen kleinen Imbiss anbieten, den Sie mit der Klasse vorbereitet haben. Dies ist die **Phase der zwanglosen Unterhaltung**. Wie wär's, wenn Sie auf einigen zusammengestellten Schultischen einen Kartoffelchipexpress auf der Basis einer elektrischen Eisenbahn aufbauen?

Nachdem sich alle gestärkt haben, lenken Sie die Aufmerksamkeit der Anwesenden auf einen selbst gedrehten Videofilm und ausgelegte Schülerarbeiten und Lehr- und Lernmittel. Wenn Sie sich gerade mit einem besonderen Projekt beschäftigen, können Sie es erläutern. Sie können auch eine Stunde „anmoderieren", bestimmte Übungen, die Sie in Ihrem Unterricht verwenden, z. B. Entspannungs- oder Konzentrationsübungen, vorführen und die Gäste nachmachen lassen.

Wozu das Ganze? Und: Ist das nicht ein bisschen übertrieben? Videovorführung und Kartoffelchipexpress als Medien der Elternarbeit? Es geht um dreierlei. **Erstens: Eltern in die Schule zu bringen. Zweitens: elterliches Interesse an schulischem Alltagstun zu wecken (Umgang mit dem Computer!). Und drittens: Kontakte jenseits der Formel: „Wie ist der Leistungsstand meines Kindes?" aufzubauen und Interesse an dem, was hinter den Klassentüren geschieht, zu wecken.** Und diese drei Punkte lassen sich auf einem Kommunikationselternabend sehr gut realisieren.

Wenn man eine solche Veranstaltung auf der Schulebene durchführt, können auch jene Personen eingeladen werden, die das Schulehalten im Bereich der Schulaufsicht und der Bauunterhaltung ermöglichen. Dann werden also die Mitarbeiter des Schulamts, der Schulrat, der zuständige Bauamtsfachbereichsleiter auch eingeladen. Gerade für diese Personengruppe ist es wichtig, die Schulen „von innen" kennen zu lernen und mit jenen Kontakt aufzunehmen, denen sie zuarbeiten.

Kompakte Information anbieten: Ausweitung von Elternabenden in Richtung Elternschule

Wenn Sie, liebe Lehrkräfte, mehrere Elternabende durchführen, die sich intensiv mit einem pädagogisch bedeutsamen Thema beschäftigen, dann sind Sie schon fast dabei, eine Elternschule durchzuführen.

Ich habe mich über die **Idee „Elternschule“** andernorts geäußert, sodass ich hier nur einige skizzenhafte Anmerkungen machen möchte. Gleich vorweg sei bemerkt, dass die Organisation einer Elternschule ein Projekt für die ganze Schule oder für mehrere Schulen eines Stadtteils darstellt. Wenn Sie als Klassenlehrer/in mit dieser Idee liebäugeln, sollten Sie sich im Kollegium einige Mitstreiter suchen.

Schulbegleitende Elternschulen sind schulisch organisierte Veranstaltungen, die Eltern des Schulbezirks oder des Stadtteils **Informationen rund um die Themen Erziehung und Schule** bieten. Sie werden abends innerhalb der veranstaltenden Schule durchgeführt.

Während Elternabende klassenspezifische, oft situationsgebundene Themen ein- bis zweimal im Jahr behandeln, stellt die Elternschule schul- und erziehungsbedeutsame Themen auf eine breitere Basis und bietet, en bloc oder übers Jahr verteilt, mehrere Veranstaltungen an.

Wenn der Vergleich erlaubt ist: eine Mini-Volkshochschule, die sich auf die Themen Schule und Erziehung konzentriert. Die Eltern treffen sich in lockerer Atmosphäre in einem Klassenraum. Lehrkräfte und eingeladene Fachleute halten Vorträge, stellen Therapieformen vor, demonstrieren Lehr- und Lernformen, beraten Eltern, diskutieren mit Eltern.

Die Organisation einer Elternschule ist weniger aufwendig, als es den Anschein hat. Sie kann von nur einer Schule auf die Beine gestellt und gestaltet werden. Es sprechen aber auch gute Gründe dafür, dass mehrere Schulen zusammenarbeiten. In diesem Fall hat man nicht nur mehr Lehrkräfte als mögliche Referenten zur Verfügung, man weiß auch, dass mehr Eltern an den Veranstaltungen teilnehmen. Eine hohe Teilnehmerzahl wirkt für die Veranstalter motivierend. Eine schulbegleitende Elternschule kann auch in direkter Zusammenarbeit mit Institutionen der Jugendhilfe organisiert werden.

Wenn man dem Namen Elternschule gerecht werden will, müssen **mindestens vier oder fünf Abende** gestaltet werden. Sonst wird aus der Elternschule ein Elternabend mit einer Wiederholung. Außerdem sollte man eine gewisse Langlebigkeit bei der Durchführung einer Elternschule einplanen. Die Einrichtung darf nicht zu einer „Einjahresfliege“ werden. Die Elternschule, die in meinem Schulbezirk organisiert wurde, lief über 15 Jahre!

Hat man Themen und Dozenten beisammen, ist die **Realisierung relativ einfach.** Zu den angegebenen Terminen wird die Veranstaltung in einem Schulraum durchgeführt. Da es sich um eine schulbezogene Veranstaltung handelt, ist der Schulträger verpflichtet, den Raum unentgeltlich zur Verfügung zu stellen. Um die Atmosphäre aufzulockern, um sie zu „entschulen“, sollte man für die Pausen Getränke und ein paar Salzstangen o. a. bereithalten.

Wenn man die Eltern schon beisammen hat, sollte man sie nicht gleich nach einer dreiviertel Stunde entlassen. Also: Von 19.30 Uhr bis 21.30 Uhr sollten sie es schon aushalten.

Als Dozenten kommen in Frage: Lehrer/Lehrerinnen aller Schularten, Schulverwaltungsbeamte, Psychologen, Ärzte, Zahnärzte, Polizeibeamte, Bibliothekare, Sozialarbeiter, Logopäden, Motopäden, Beamte der Stadtverwaltung, Vertreter von Selbsthilfegruppen, Vertreter des Kinderschutzbundes, Jugendschriftsteller, Pastoren, Eltern mit fachlicher Kompetenz. Bei der Einladung muss darauf hingewiesen werden, dass kein Honorar gezahlt werden kann.

Welche **Themen** können behandelt werden? Die Möglichkeiten sind fast unbegrenzt. Hier eine Auswahl:

- Allgemeines zur Schulorganisation
- Warum gibt es eine Schulpflicht?
- Schulrechtliche Fragen
- Lernhilfe, Nachhilfe
- Leistung und Benotung
- Erziehungsziele in der Schule
- Allgemeine Erziehungsfragen
- Wie Eltern und Schule effektiv zusammenarbeiten können …
- Strafe muss sein?
- Gewalt in der Schule
- Fernsehen: Probleme und Gefahren
- und viele andere Themen.

Bitte beachten Sie, dass fast alle Themen, die Sie in diesem Handbuch finden, auch im Rahmen einer Elternschule behandelt werden können.

Wenn Sie mehr über die **Idee Elternschule** wissen wollen, lesen Sie die entsprechenden Kapitel in meinen Büchern: „Sozialverhalten ändern? Aber wie?" (Beltz Verlag 1996) Und: „Elternarbeit mit Elternbriefen" (Auer Verlag 2002; ISBN 3–403–0**3533**-6).

Das Internet nutzen: Homepage-Arbeit

Elternarbeit mit Hilfe des Internets? Geht das nicht übers Ziel hinaus?

Betrachten Sie die Sache ganz pragmatisch. Es geht ja nicht darum, dass Elterninformationen Ihrer Schule world-wide, von Toronto bis Djakarta, bekannt gemacht werden sollen. Da nun aber einmal über 50 Prozent der Haushalte über einen Internetzugang verfügen, sollte man sich dieser **Informationsquelle** auch bedienen. Und wenn Ihre Schule eh schon eine Homepage besitzt, dann kann man sie auch zur Elternarbeit nutzen. Sie können aber auch **eigenständige Webseiten zur Elternarbeit ins Netz stellen.**

Beginnen wir mit der einfachsten Möglichkeit. Ihre Schule stellt sich bereits auf einer Schulhomepage vor. Sorgen Sie dafür, dass in der Navigationsleiste ein **Knopf mit der Aufschrift Elternarbeit** aufgenommen wird. Falls Ihr Webmaster nun sagt, dass es ein langes Kapitel über Elternarbeit unter dem bereits vorhandenen Titel Schulprogramm gibt, beharren Sie darauf, den Eltern einen eigenen Bereich der Homepage zu widmen. Eltern sollen schon beim Betrachten der Startseite wissen, dass sie zur Schule gehören.

Der Elternbereich kann nun wie folgt gegliedert werden: Zunächst geben Sie einen **Überblick über die schulischen Aktivitäten in Bezug auf Elternarbeit.** Sodann können die Elternvertreter – mit oder ohne Bild – vorgestellt werden. Eine Vorschau auf jene Schultermine, die für Eltern bedeutungsvoll sind, macht sich ebenfalls gut. Sprechen Sie den Schulelternbeiratsvorsitzenden oder die -vorsitzende an und bitten Sie ihn oder sie, einen Artikel zur Elternarbeit zu schreiben. Falls es im Kollegium einen Ansprechpartner oder eine Ansprechpartnerin für Eltern („Vertrauenslehrer/in für Eltern") gibt, kann er/sie sich auf einer Folgeseite vorstellen und seine/ihre Funktion erläutern.

Und schließlich können Sie auch Tipps und Hinweise zur Erziehung auf der Schulhomepage veröffentlichen. Einige der in diesem Handbuch vorgestellten Elterninfos sind durchaus geeignet, auf der Schulhomepage veröffentlicht zu werden. Sagen Sie also nicht, wenn Sie eine Homepage unter dem Titel „Erziehung und Lernen an der XY-Schule" ins Auge fassen, dass Sie keinen „Stoff" für die Seite haben.

Wenn man die Idee Homepage-Arbeit vorstellt, wird häufig eingewendet, dass jene Zielgruppe der Eltern, die Information und Unterstützung am dringendsten benötigt, nicht erreicht wird. Eltern von Kindern, die Haupt- und Förderschulen besuchen, werden Webseiten nicht abrufen. Keine Frage, dass hier ein Schwachpunkt schulbegleitender Homepage-Arbeit vorliegt. Doch sollte nicht unterschätzt werden, dass es im gesamtgesellschaftlichen Rahmen ebenso wie im Rahmen eines Schulbezirks Übertragungs- und Weitergabeeffekte gibt. Wenn man nicht betroffene Eltern über die schädigende Wirkung von Schuleschwänzen aufklärt, kann die Botschaft durchaus auch betroffene Eltern erreichen.

Homepage- und Elternschularbeit können dazu beitragen, ein pädagogisches Bewusstsein zu schaffen, das – Steter Tropfen höhlt den Stein! – allen Kindern zugute kommt, also auch jenen, die in problematischem Milieu aufwachsen. Im Übrigen darf der Hinweis, dass die Vertreter von Problemkindern nicht in Elternschulen erscheinen und die Webseiten nicht abrufen, nicht dazu führen, dass man den Interessierten nun gar nicht erst die Tür öffnet. Und schließlich wird man nicht bestreiten können, dass auch in den so genannten Mittel- oder Oberschichtfamilien ebenfalls Erziehungsschwierigkeiten auftreten. Und diese Schichten bedienen sich durchaus des Internets.

Es ist durchaus möglich, die **Idee „Elternschule" als Online-Präsentation** zu realisieren. Die Themenstellung entspricht einer „Live"-Elternschule. Die Vorträge, Informationen und Tipps werden ins Netz gestellt. Ein solches Projekt zielt in der Regel auf eine breitere Schicht ab. Es kann aber auch auf regionale Gegebenheiten abgestimmt werden. Die Vorteile einer Webseite liegen auf der Hand. Der Vielgestaltigkeit sind keine Grenzen gesetzt, die Gestalter stehen nicht unter Druck, die meisten Themen können von Lehrkräften behandelt werden. Für die Nutzer ist es angenehm, dass die Schule ins Haus kommt.

Die Nachteile liegen ebenfalls auf der Hand: Nicht jedes Elternhaus verfügt über einen Internetzugang. Selbst wenn man der Webseite ein Forum anhängt, fehlt die lebendige Diskussion, die Möglichkeit, direkten Kontakt zu anderen Eltern aufzunehmen und den Referenten Fragen zu stellen. Eine Online-Präsentation leidet im Übrigen am Manko des Unentdecktseins, zumindest in der Startphase. **Daher muss für die Webseite die Reklametrommel gerührt werden.** Wem nützt die schönste Online Elternschule, wenn sie nicht abgerufen wird.

Um ein Onlineprojekt zu starten, werden zwei bis drei Redakteure und ein Webmaster gebraucht. Zunächst sammelt man Ideen, dann schreibt am Artikel, dann bringt man sie in Form und schließlich ins Netz.

Doch damit nicht genug. Das Internet bietet sich auch an, wenn man ein besonderes Thema bearbeitet und die Ergebnisse veröffentlichen will, z. B. das **Thema „Gewalt in der Schule".** Hier können Eltern über alle Maßnahmen gegen Gewalt in der Schule informiert werden. Bei der Gestaltung einer **„Anti-Gewalt-Homepage"** können neben schriftlicher Information auch Bilder der Schüler eingebunden werden. Wahrscheinlich wären auch einige Eltern interessiert, eigene Beiträge zu liefern.

Oder nehmen wir mal das **Thema „Lesen".** Klären Sie die Eltern auf einer Webseite über die lebenswichtige Bedeutung des Lesens auf. Stellen Sie dar, mit welchen Mittel Sie Ihre Schülerinnen und Schüler zum Lesen bringen. Geben Sie aber auch Eltern Hinweise und Tipps, wie Sie es anstellen sollen, ihre Kinder an Lektüre heranzuführen. Stellen Sie die örtliche Bücherei vor. Und fügen Sie Ihrer Homepage eine lange Liste empfehlenswerter Bücher an.

Eine solche Seite bedarf eines **pfiffigen Webdesigns.** Wenn der Webmaster Ihrer Schule sich mit der Aufgabe, eine Themenwebseite optisch zu gestalten, überfordert fühlt, versuchen Sie doch ein Elternteil zu gewinnen, das diese Aufgabe erledigt. Gerade im Computer-/Internetbereich gibt es Väter oder Mütter, die als hochqualifizierte Fachleute Hilfe gewähren können. Ein Beispiel für eine Homepage, die das Thema Lesen beinhaltet, finden Sie unter **www.aktionlesen.de.**

2.1.5 Rückmeldungen erbitten und auf besondere Vorkommnisse oder Gegebenheiten reagieren

- Mit einer Fragebogenaktion die Meinung der Eltern erkunden
- Mit Elternbriefen auf besondere Vorkommnisse reagieren

Haben Sie Mut und erkunden Sie die Meinung der Eltern über Ihre pädagogische Arbeit. Mit einer einfachen **Fragebogenaktion** können Sie sich ein Bild über den Zufriedenheitsgrad Ihrer Eltern verschaffen.

Es gibt Problembereiche, über die Sie nicht hinwegsehen sollten. Wenn zu viele Ihrer Schülerinnen und Schüler jeden Morgen mit Cola und Chips als Frühstück in die Schule kommen, dann sollten Sie Ihren Eltern sagen, dass ein gesundes Schulfrühstück eben nicht aus Zucker, Koffein und übersalzenen Kartoffelchips bestehen sollte. Dabei bleibt es Ihnen natürlich überlassen, eine Unterrichtseinheit **„Das gesunde Schulfrühstück"** einzufügen.

Wenn **Schuleschwänzen** an Ihrer Schule oder in Ihrer Klasse ein Problem darstellt, dann sprechen Sie es an. Wenn Sie sich nicht scheuen, Verfahren zur Verhängung einer Geldbuße einzuleiten, dann sollten Sie den Weg bis zur Einleitung des Verfahrens deutlich machen.

Gelegentlich werden Lehrkräfte von ihren Schülerinnen und Schülern zu Hause „angeschwärzt". Kollege Müller wird dann beschuldigt, einen Kunstfehler begangen oder gar einen Schüler geschlagen zu haben. Dagegen sollten wir uns wehren. Daher ist ein **Beispielschreiben eingefügt**.

Und wenn Sie als Lehrkraft erfahren, dass in einigen Elternheimen **geprügelt** wird, sollten Sie sich ebenfalls äußern.

Bitte betrachten Sie dieses Kapitel als Anregung, **wie man als Lehrkraft auf bestimmtes, in diesen Fällen unerfreuliches Elternverhalten reagieren kann**. Ähnliche Briefe können Sie schreiben, wenn zu viele Schülerinnen und Schüler **ohne Hausaufgaben** in die Schule kommen, wenn die **Fahrräder nicht verkehrssicher** sind oder wenn Sie erfahren, dass Ihre Schülerinnen und Schüler **Horrorfilme** sehen.

Fragebogenaktion: Eltern nach der Meinung über die Lehrkraft befragen

Wollen Sie wissen, wie die Eltern Ihre schulische Arbeit einschätzen?
„Lieber nicht!" werden nun einige von Ihnen, liebe Leserin und lieber Leser, denken. „Dann wird die Unzufriedenheit der Eltern mit dem gesamten Schulsystem auf uns abgeladen."

Da kommt es eben ganz darauf an, wie geschickt Sie Ihre Fragen stellen. Wenn Sie fragen „Sind Sie mit der Schule zufrieden?", provozieren Sie geradezu schlagwortartige Negativantworten. Wenn Sie fragen: „Sind Sie mit meinem Vorgehen im Falle von Disziplinproblemen einverstanden?", dann bekommen Sie auf eine Detailfrage eine „Ja – Nein"-Rückmeldung.

Dennoch erfordert es Mut, Fragebogenaktionen zu starten. Ganz gleich ob auf der Ebene der Klasse oder der Schule – Sie müssen mit Antworten rechnen, die Ihnen nicht immer gefallen.

Doch es sprechen auch **gute Gründe für die Durchführung von Fragebogenaktionen.** Zunächst einmal ist festzuhalten, dass Eltern sich ernst genommen fühlen, wenn man ihre Meinung zum Thema Schule erforscht. Wer sich für eine Intensivierung von Elternarbeit einsetzt, sollte schon aus diesem Grunde eine Fragebogenaktion ins Auge fassen.

Sodann ist darauf hinzuweisen, dass die Ermittlung des Meinungsbildes Ihrer Elternschaft **Ihnen hilft**, Ihren pädagogischen Kreiselkompass neu zu justieren. Bitte beachten Sie, dass ich nicht gesagt habe, dass Sie Ihren Kurs neu festlegen sollen. Es geht um Feinabstimmungen und oft auch um Methoden, den Kurs zu halten. Denn Elternmeinungen über Erziehen und Lernen müssen durchaus nicht mit dem neuesten pädagogischen und lernpsychologischen Erkenntnisstand übereinstimmen oder diesen entsprechen.

Fragebogenaktionen geben Ihnen also die Möglichkeit, sich auf Ihre Elternschaft genau einzustellen, gegebenenfalls **Kurskorrekturen** einzuleiten und jene weiße Flecken auf der elterlichen Erziehungslandkarte herauszufinden, die noch bearbeitet werden müssen.

Der Autor dieses Buches hat von seinen Schuleltern oft genug zu hören bekommen, dass er im Falle von Disziplinproblemen härter durchgreifen und sich nicht scheuen möge, „Kindern auch mal eine hinter die Löffel zu geben". Solche Meinungen sind für Ihr schulpädagogisches Handeln auch wichtig. So können Sie auf die Tatsache hinweisen, dass **körperliche Züchtigungen grundsätzlich verboten sind. Nach neuester Gesetzeslage auch im Elternhaus!**

Schule – Klasse: Elternfragebogen

Meine Meinung zu den Themen Erziehung und Lernen in der Klasse ……… :

1 = trifft zu **2** = trifft zum Teil zu **3** = trifft nicht zu

Bitte kreuzen Sie Ihre Meinung an!

Mit der Klassenordnung bin ich zufrieden.	1	2	3
Wir werden angemessen über Schul- und Klassenveranstaltungen informiert.	1	2	3
Es finden genügend Elternversammlungen statt.	1	2	3
Das Miteinander in der Klasse stimmt.	1	2	3
Die Lehrkräfte achten auf Einhaltung der Regeln.	1	2	3
Die Lehrkräfte kümmern sich um ein gutes Klima in der Klasse.	1	2	3
Die Lehrkräfte ziehen in Erziehungsfragen an einem Strang.	1	2	3
Die Lehrkräfte kümmern sich um Opfer und Außenseiter.	1	2	3
Die Klassenraumgestaltung gefällt mir.	1	2	3
Die Hausaufgabenstellung ist angemessen und verständlich.	1	2	3
Ich wünsche mir gelegentlich Extra-Aufgaben für mein Kind.	1	2	3
Mein Kind geht gern zur Schule.	1	2	3
Ich bin mit dem Gesamtkonzept der Erziehung in der Klasse zufrieden.	1	2	3
Ich wünsche mir mehr Information über Lernhilfen.	1	2	3
Ich finde die ausgegebenen Elternbriefe informativ.	1	2	3
Ich habe an einem Projekt „Elternschule" Interesse.	1	2	3
Ich bin mit der Elternarbeit insgesamt zufrieden.	1	2	3

Reaktion auf besondere Vorkommnisse oder Gegebenheiten: Elternbrief „Gesundes Schulfrühstück"

Gesundes Schulfrühstück

Liebe Eltern,

wir stellen immer wieder fest, dass zu viele unserer Kinder mit einem Frühstück in die Schule kommen, das schlicht und einfach als ungesund bezeichnet werden muss. Kartoffelchips und Süßigkeiten, und zwischendurch jede Menge Cola, das kann nicht gut gehen. Oder: zwei Milchschnitten und irgendein süßer Saft, das ist nicht der Weisheit letzter Schluss.

Denken Sie doch mal wieder an ein Stück Schwarzbrot mit Käse und den guten Apfel! Ein gutes Butterbrot ist besser als die Milchschnitten aus dem Supermarkt. Und billiger ist es auch.

Ziehen Sie, liebe Eltern, jetzt bitte nicht die Stirn kraus und denken Sie nicht: „Frühstück ist Privatsache. Da hat sich die Schule nicht einzumischen!" (Wenn Sie Ihrem Kind ein gesundes Frühstück mitgeben, können Sie diesen Brief ja eh bei Seite legen!).

Die Schule ist gehalten, über eine gesunde Ernährung aufzuklären und zu unterrichten. Wenn Kinder nun merken, dass im eigenen Ranzen das Gegenteil von dem, was empfohlen wird, liegt, dann ist das eine missliche Sache. Wir sind gar nicht so pingelig. Und Sie müssen's auch nicht sein. Klar, dass Sie Ihren Kindern gelegentlich Naschis mitgeben. Aber tun Sie das bitte mit Augenmaß und sorgen Sie für die richtige Mischung.

Wir stehen Ihnen mit Rat und Tat zur Seite.

Mit freundlichen Grüßen

Ihr(e)

Elternbrief: Ungerechtfertigte Beschuldigungen

Liebe Eltern,

Ihr Kind kommt nach Hause und berichtet über dies und das vom Vormittag. Na, das Übliche. Sie hören nur mit halbem Ohr hin. – Ihr Kind kommt nach Hause und berichtet, die Lehrerin oder der Lehrer habe es ungerecht behandelt, beschimpft oder gar geschlagen. Sie sind hellwach, hören so genau wie noch nie hin und nehmen jedes Wort auf.
Das ist verständlich. Aber bevor Sie nun jedes Wort für wahr und objektiv nehmen, bedenken Sie bitte Folgendes:

1. Kinder und Jugendliche sehen ihre Welt, ihre Mitschüler/innen, ihre Lehrer/innen von ihrem Standpunkt aus. Sie nehmen das wahr, was ihnen richtig erscheint. Mit der wahrheitsgemäßen Darstellung (dessen, was wirklich war) hapert es oft. Das ist nun einmal so und hat mit der Tatsache zu tun, dass Kinder Kinder sind.

2. Oft aber vertuschen Kinder und Jugendliche die Wahrheit auch, um sich Vorteile zu verschaffen. Das ist bedauerlich, aber leider ist es so. Um irgendeinen Verdacht von sich zu weisen, lügen Kinder gelegentlich. Wir haben in den letzten Jahren viele Fälle (zu viele Fälle) gehabt, wo Schülerinnen und Schüler schlicht und einfach gelogen haben. Manchmal biegen sich dabei die Balken: „Mama, ich hab 'ne Strafarbeit auf. Aber ich hab gar nichts getan!" Sie glauben ihrem Kind.
Glauben ist gut. Aber in diesen Fällen ist Kontrolle besser. Bevor Sie den Lehrer, die Lehrerin oder den Mitschüler, die Mitschülerin verdammen, sollten Sie **die Gegenseite hören**. Das tun wir übrigens auch. Sie können und dürfen nicht einfach von der Tatsache ausgehen, dass Ihr Kind die „Wahrheit" sagt.

3. Die eben beschriebenen Verhaltensweisen sind in einer bestimmten Bandbreite als normal zu bezeichnen. Die folgenden aber **nicht**:
Es gibt einige – wenige – Schüler/innen, die gezielt lügen, um Lehrkräften eines „auszuwischen". Dann werden Behauptungen in die Welt gesetzt, die vollkommen unhaltbar sind und die Lehrkraft in ein „schlechtes Licht rücken". Außerdem mussten wir mehrfach feststellen, dass bewusst falsche Zeugenaussagen gemacht wurden.
Hier möchte ich klar und deutlich sagen, dass wir verleumderisches Verhalten nicht dulden und **dass wir Zeugenfalschaussagen als schweres Vergehen werten**. Wer Lehrkräften grundlos Fehlverhalten vorwirft oder wer bewusst Falschaussagen macht, muss mit disziplinarischen Folgen rechnen.

Ich möchte Sie bitten, sich an die eben genannten Punkte zu erinnern, wenn Ihr Kind das nächste Mal nach Hause kommt und eine wilde Geschichte aus der Schule erzählt. **Und vergessen Sie auch nicht, dass wir zur telefonischen Rücksprache immer zur Verfügung stehen.**

Mit freundlichen Grüßen

Ihr(e)

Elterninformation: Vorgehen bei Schuleschwänzen

Liebe Eltern,

aus gegebenem Anlass erläutern wir noch einmal **unser Vorgehen bei erwiesenem Schuleschwänzen**. Um also betroffenen Eltern eine faire Chance zu geben, sich auf das Verfahren einzustellen und um absolute Sicherheit und Durchsichtigkeit in unser Vorgehen zu bringen, hier die entscheidenden Punkte.

Zunächst:

- Nehmen Sie bitte meinen Hinweis ernst, dass das Ordnungsamt Schulschwänzen mit hohen Geldbußen ahndet.
- Wir haben Ihnen Formblätter für Entschuldigungsschreiben ausgehändigt. Wenn Sie wollen, reichen wir welche nach. Nutzen Sie die Blätter: Namen eintragen, Krankheit eintragen, unterschreiben. Fertig! Einfacher geht's nicht!

Wenn's nicht klappt, ist dies unser Vorgehen:

1. Wir führen Buch über Fehltage. Wir sprechen mit dem Schüler, der Schülerin. Wir ermahnen sie.
2. Fehltage häufen sich. Wir sprechen mit der Schülerin, dem Schüler. Wir schicken Ihnen einen Warnbrief. Wir drohen eine Anzeige beim Ordnungsamt an.
3. Dabei sind wir <u>**immer**</u> bereit, mit Ihnen zu reden und gemeinsam einen Plan zu entwickeln, dass Ihr Kind regelmäßig zur Schule kommt.
   Wenn's nun immer noch nicht besser wird,
4. Zeigen wir das Schuleschwänzen beim Ordnungsamt an.

Wir schießen also nicht aus der Hüfte. Das ist ein langer Weg bis zur Anzeige.

Und schließlich sind auch diese Punkte wichtig:

- Das Ordnungsamt gibt Ihnen die Möglichkeit, Ihre Meinung zu diesem Fall zu äußern (Anhörung). Das sollten Sie dann auch tun!
- Bei Entschuldigungsschreiben muss man natürlich bei der Wahrheit bleiben. Wenn uns Mitschüler glaubhaft versichern, dass sie ein „krankes Kind" auf der Straße herumtoben sehen, erkennen wir die Entschuldigung nicht an.
- Ganz wichtig: Schüler und Schülerinnen, die eine Stunde zur Schule kommen und die nächsten 4 Stunden (laut Stundenplan) durch Abwesenheit glänzen, machen sich besonders dreisten Schuleschwänzens schuldig. Diese Stunden werden aufgelistet und zur rechten Zeit ebenfalls angezeigt.

Und ganz zum Schluss das Allerwichtigste: Schuleschwänzen ist, das können Sie in jedem Fachbuch nachlesen, ein Signal für weiteres Fehlverhalten. **Wer heute Schule schwänzt, läuft Gefahr, morgen vor dem Jugendrichter zu stehen.** Wir sind uns sicher, dass Sie als Eltern das nicht wollen.

Mit freundlichen Grüßen
Ihr(e)

Elterninformation: Schlagen verboten

Liebe Eltern,

auch wenn es nur wenige von Ihnen betrifft, ich muss mich hier mit einem schwer wiegenden Problem an Sie wenden. Es geht um körperliche Züchtigung, um **Prügelstrafe im Elternhaus**.

Zunächst möchte ich darauf aufmerksam machen, dass sich dieser Brief auf keinen derzeitigen Anlass bezieht. Wohl aber möchte ich darauf hingewiesen haben, dass wir durchaus schon Fälle von **Kindesmisshandlung** (schwere körperliche Züchtigung) zur Anzeige gebracht haben.

„Erziehung zu Hause, das ist Privatsache. Da hat sich niemand einzumischen." So denken viele Eltern. Erziehung zu Hause ist weitgehend Privatsache. Aber nicht ganz und gar!
Es ist Eltern nicht freigestellt, sich der körperlichen Züchtigung als Erziehungsmittel zu bedienen.
Anders gesagt: es ist gesetzlich untersagt, Gewalt in der Erziehung anzuwenden. Und zwar auch dann, wenn es sich nicht um regelrechte Misshandlung handelt. **Klipp und klar: Ohrfeigen und „Hinternvoll" sind verboten.** Einigen Eltern ist nicht klar, dass es seit einiger Zeit eine gesetzliche Änderung im Bürgerlichen Gesetzbuch gegeben hat: **Grundsatz: Schlagen ist verboten!**

Was ist, wenn Prügel als Erziehungsmittel regelmäßig eingesetzt wird, wenn Kinder wirklich geschlagen werden? Wenn die Gewalteinwirkung in Misshandlung abgleiten kann? Dann verhalten Eltern sich nicht einfach nur falsch, dann verstoßen sie gegen moralische und gesetzliche Regeln. Und dann, so wollen wir schnell hinzufügen, mischen wir, die Lehrkräfte, uns ein.

Kinder sind zarte Wesen, die Gewalt nicht einfach „wegstecken". Auch wenn Erwachsene drohen: „Du darfst nichts erzählen!", gibt es Zeichen, die gedeutet werden können. Nicht nur blaue Flecken! Manchmal verplappern sich Kinder. Manchmal zeigen sie auffälliges Verhalten wie besondere Scheu oder Gesichtszucken.

Was tun wir, wenn wir Verdacht schöpfen, dass ein Kind zu Hause verprügelt wird?

- Wir sprechen mit dem Kind.
- Wir sprechen mit den Eltern.
- Wir berichten dem ASD.
- Wir sprechen in schweren Fällen mit der Polizei.
- Wir erstatten – notfalls – Anzeige.

Damit keine Missverständnisse entstehen, hier einige Einzelheiten:

Wenn Eltern angesprochen werden: „Ihr Kind macht merkwürdige Andeutungen, sodass der Verdacht entsteht, dass es zu Hause geschlagen wird ..." besteht kein Grund, auf die

Palme zu gehen und uns vorzuwerfen, dass wir uns in Privatsachen einmischen. Klären Sie das Problem mit uns in Ruhe. Inwiefern das ASD eingeschaltet wird, ist von Fall zu Fall zu klären. Ein Gespräch mit den Eltern heißt aber nicht automatisch, dass wir das ASD nicht einschalten.

Wenn wir blaue Flecken (oder andere körperliche Reaktionen) entdecken, sprechen wir die Eltern an und **geben unseren Verdacht sofort ans ASD weiter**. Außerdem prüfen wir, ob **die Polizei** eingeschaltet wird. Das kann durchaus so laufen, dass wir zunächst die Polizei einschalten (um die körperlichen Spuren zu zeigen), dann erst die Eltern ansprechen.

Gott sei Dank ist das alles nur **in sehr seltenen Fällen** notwendig. Aber ich meine, dass es notwendig ist, den Eltern dieser Schule unser Vorgehen deutlich zu machen. Und der großen Mehrzahl der Eltern, die ihre Kinder nicht körperlich züchtigen, sagen wir: „Seien Sie mutig und beherzt und mischen Sie sich auch Ihrerseits ein, wenn Sie Erwachsene dabei erwischen, Kinder zu schlagen."

Ihr bedanke mich für Ihr Verständnis und verbleibe
mit freundlichen Grüßen

Ihr(e)

2.1.6 Rückmeldungen der Schule ernst nehmen

- Bei negativen Rückmeldungen häusliche Konsequenzen folgen lassen
- Möglichkeiten der Belohnung nutzen
- Den Anfängen wehren: Sofort-Rückmeldungen

Sie, liebe Lehrkräfte, sind in Ihrem Fach versiert, gestalten den Unterricht nach den neuesten Erkenntnissen der Didaktik und Methodik, Sie sind ein guter Pädagoge und Psychologe in Personalunion.
Und dennoch bleibt es nicht aus, dass Ihre Schülerinnen und Schüler gelegentlich gegen die Regeln der Schule verstoßen. Die eine mobbt langandauernd eine Klassenkameradin, die andere schwänzt regelmäßig den Sportunterricht. Der eine drangsaliert Schüler aus der Nachbarklasse, der andere provoziert mit ausländerfeindlichen Sprüchen. Sie lieben die gesetzlich vorgeschriebenen Ordnungs- und Erziehungsmaßnahmen nicht.
Aber Sie haben in Ihrem pädagogischen Gesamtkonzept durchaus ihren Platz. Sie sprechen Tadel aus und Sie drohen auch schon mal einen Unterrichtsausschluss an.
Nun hören wir von Schülern und Eltern immer wieder, dass diese Ordnungsmaßnahmen nicht recht ernst genommen werden. Daher sollten Sie den Eltern sagen, dass es in ihrer Hand liegt, aus schulischen Ordnungsmaßnahmen solche zu machen, die zu Hause nachwirken. Bei diesem Thema sollten Sie am Ball bleiben.
Mit einer schriftlichen Elterninformation ist es nicht getan. Sprechen Sie auch auf einem Elternabend über häusliche Sanktionen. Drehen Sie den Spieß aber auch um und klären Sie über Belohnungen und häusliche Privilegien auf. Und schließlich sollten Sie sich überlegen, wie Sie – wehret den Anfängen! – mit Sofort-Rückmeldungen direkt aus dem Unterricht auf die Eltern Einfluss nehmen können. Über das Anlegen eines Rückmeldungsbüchleins (manchmal auch Verhaltensheft genannt) haben andere Autoren schon genug geschrieben. Ich lege Ihnen hier die **Variante „Rückmeldungsstreifen“** vor.
Dieses Kapitel könnte auch unter dem **Abschnitt „Einzelfallhilfe“** Platz finden. Da die Elterninformationen aber für alle Eltern interessant sind und auch an alle Eltern ausgeteilt werden sollen, habe ich es an den Schluss des ersten, praktischen Teils gesetzt. Es bildet damit den Übergang zur Einzelfallhilfe.

Elterninformation: Reaktion auf negative Rückmeldungen

Liebe Eltern,

wenn Sie Interesse an schulischen Dingen bekunden und dafür sorgen, dass Ihr Kind in der Schule gut mitarbeitet, haben Sie bereits eine Menge für das schulische Fortkommen, für den Lernerfolg Ihres Kindes getan.

Nun ergeben sich aber gelegentlich **Schwierigkeiten im Verhalten der Schülerinnen und Schüler**. Ihr Arbeitseifer lässt zu wünschen übrig oder sie haben die Hausaufgaben mehrfach nicht gemacht. Die Lehrkraft hält es für notwendig, die Eltern darüber in Kenntnis zu setzen.

Wenn Sie von diesen negativen Rückmeldungen betroffen sind, sollten Sie sie ernst nehmen und auch zu Hause daran arbeiten, dass sich das Verhalten Ihres Kindes zum Besseren wendet. Und wenn nun gar ein offizieller Tadelbrief ins Haus flattert, weil Ihr Kind deutlich gegen die Regeln der Schule verstoßen hat, dann sollten Sie ihn zum Anlass eines ernsten Gesprächs nehmen und möglicherweise auch eine häusliche Konsequenz folgen lassen.

Wir sind beim **Thema Strafe** gelandet. Dabei reden wir, damit das von Anfang an klar ist, nicht über körperliche Züchtigungen und andere demütigende Maßnahmen oder Äußerungen! Wir reden über von Eltern arrangierte, als unangenehm empfundene Konsequenzen. Also: das Kind kommt eine halbe Stunde zu spät vom Spielplatz, die Eltern streichen („zur Strafe") das abendliche TV-Programm. Oder: der große Bruder ärgert über einen längeren Zeitraum die kleine Schwester, die Mutter gibt dem Großen eine Auszeit und schickt ihn aus dem Zimmer.

Strafen in der öffentlichen Institution Schule sehen anders aus als Strafen im privaten Bereich. (Das gilt übrigens auch für Belohnungen.) Welche Strafen – **im Schulgesetz Ordnungsmaßnahmen genannt** – können in der Schule angewendet werden?

- **Wegnahme von Gegenständen** (Wenn Schüler oder Schülerinnen z. B. mit einem Laserstift stören.)
- **Nacharbeiten** (Wenn Schüler oder Schülerinnen die Hausaufgaben nicht gemacht haben.)
- **Nachsitzen** (Wenn Schüler oder Schülerinnen die Mitarbeit verweigert haben. Während des Nachsitzens müssen sie beaufsichtigt werden.)
- **Aussprechen eines offiziellen Tadels** („Blauer Brief")
- **Versetzung** in eine Parallelklasse
- **Zeitweiser Ausschluss vom Unterricht** (Die Schülerinnen und Schüler bekommen für eine befristete Zeit Hausverbot.)
- **Verweisung von der Schule** (Sie müssen eine andere Schule der gleichen Schulart besuchen.)

Nun sagen viele Eltern: „Das sind doch gar keine Strafen. Über Tadelbriefe lachen viele Schüler. Einen Ausschluss vom Unterricht empfinden sie als Ferien." Es ist ein offenes Geheimnis, dass auch viele Lehrkräfte mit den Ordnungsmaßnahmen nicht zufrieden sind. Hier hat sich die Kultusbürokratie Maßnahmen ausgedacht, die wenig verhaltenssteuernde Wirkung besitzen.

Aber es gibt ja noch die Möglichkeit, dass Sie, liebe Eltern, sich ins Spiel bringen. Die eben aufgezählten Ordnungsmaßnahmen sind durchaus nicht so lächerlich, wenn Sie sie zum Anlass nehmen, zu Hause ebenfalls unangenehme Folgen auszusprechen.

Darauf möchten wir mit dieser Information hinaus: Benutzen Sie negative Rückmeldungen aus der Schule, um Ihrerseits erzieherisch tätig zu werden. Anders ausgedrückt: Helfen Sie mit, dass aus einer flauen Ordnungsmaßnahme wirklich **eine verhaltenssteuernde Maßnahme** wird.

Also: Ein Tadelbrief flattert ins Haus. „Ihre Tochter hat den Sportunterricht geschwänzt. Sie hat das Schulgelände verlassen und an der Lottobude neben der Schule geraucht." In diesem Fall sollte ein ernstes Gespräch folgen, in dem Sie klarmachen, dass Sie das beschriebene Verhalten nicht dulden. Und es wird Ihrer Tochter nicht schaden, wenn sie drei Tage auf die von ihr ach so geliebte Soap-Opera im Fernsehen verzichten muss.

Hier ein paar andere **Möglichkeiten häuslicher Konsequenzen**:

- Streichen Sie Außer-Haus-Aktivitäten.
- Lassen Sie eine Entschuldigung schreiben.
- Lassen Sie im Falle von Tätlichkeiten oder schweren Beleidigungen eine Wiedergutmachung leisten.
- Legen Sie eine Karteikarte an, auf der Sie Meldungen der Schule notieren. „Nach der dritten Meldung streiche ich dir die Teilnahme am Fußballturnier."

Im Bereich Ordnungs- und Erziehungsmaßnahmen wird im besonderem Maße deutlich, ob Schule und Elternhaus an einem Strang ziehen. Wir bitten Sie um Ihre Unterstützung.

Wenn Sie meinen, dass Ihr Kind ungerecht behandelt wurde, stehen wir Ihnen selbstverständlich für ein klärendes Gespräch zur Verfügung.

Mit freundlichen Grüßen

Ihr(e)

Elterninformation: Rückmeldungen ernst nehmen – Möglichkeiten der Belohnung nutzen

Liebe Eltern,

was mag Ihr Kind, was findet es angenehm? Womit können Sie Ihr Kind belohnen? Das ist die eine Seite der Medaille.

Und die andere Seite ist diese: wenn Sie genau wissen, worauf Ihr Kind scharf ist, können Sie dieses **Wissen zur Verhaltensbeeinflussung** einsetzen. „Ich weiß, dass du am liebsten Tischtennis spielst. Wenn du aber dein Zimmer in größter Unordnung verlässt, muss ich dir Tischtennis streichen!"

Sie entziehen Ihrem Kind lieb gewonnene Privilegien oder besondere Tätigkeiten, **um eine Verhaltensänderung zu erreichen**. Im Grunde genommen handelt es sich dann um eine Strafe. Die genaue Beschäftigung mit dem, was Ihr Kind besonders gern mag, gibt Ihnen die Möglichkeit, in einer größeren Bandbreite zu belohnen und zu bestrafen.

Hier nun eine Liste mit bestimmten Dingen, Tätigkeiten und Situationen aus dem Alltag, die von Kindern unterschiedlich angenehm oder attraktiv empfunden werden. **Kreuzen Sie an, was Ihr Kind gern mag.** Wenn Sie die Tätigkeiten, die angekreuzt wurden, bereits ausüben oder ausüben lassen, kann ihr Entzug als Strafe dienen. Wenn Sie diese Tätigkeiten gar nicht oder selten ausüben oder ausüben lassen, können sie als Belohnung dienen.

Übrigens; wir empfehlen **nicht Belohnungen für gute Zensuren** auszusprechen. Belohnungen (und Bestrafungen!) sollten als Erziehungsmittel eingesetzt werden, nicht aber als Mittel, Zensurenehrgeiz anzustacheln. Andererseits haben wir nichts dagegen, wenn Sie Ihrem Kind Privilegien entziehen, wenn Sie negative Rückmeldungen aus der Schule erhalten.

Checkliste: Das mag mein Kind

	Das mag mein Kind:		
	gern	**mittel**	**gar nicht**
Essen und Trinken:			
Eiscreme	☺	✳	☹
Süßigkeiten	☺	✳	☹
Früchte	☺	✳	☹
Kuchen	☺	✳	☹
Gebäck	☺	✳	☹
Besonderes Mittagsgericht	☺	✳	☹
Brause/Limo	☺	✳	☹
Cola	☺	✳	☹
Eistee	☺	✳	☹
Fruchtsaft	☺	✳	☹
Hören:			
Radio hören	☺	✳	☹
Walkman hören	☺	✳	☹
Kassettengerät hören	☺	✳	☹
CD-Player hören	☺	✳	☹
Fernsehen:			
Serien	☺	✳	☹
Krimis	☺	✳	☹
Werbefernsehen	☺	✳	☹
Sportsendungen	☺	✳	☹
Quizsendungen	☺	✳	☹
Shows	☺	✳	☹
Spielfilme	☺	✳	☹
„Ausgehen":			
Ins Kino gehen	☺	✳	☹
Shoppen gehen	☺	✳	☹
Eltern in die Stadt begleiten	☺	✳	☹
In den Zoo gehen	☺	✳	☹
Ins Museum gehen	☺	✳	☹
Ins Schwimmbad gehen	☺	✳	☹

	Das mag mein Kind:		
	gern	**mittel**	**gar nicht**
Spielzeug, Internet, Computer:			
Play-Station	☺	✳	☹
Dart-Spiel	☺	✳	☹
Gameboy	☺	✳	☹
Anderes elektronisches Spielzeug	☺	✳	☹
Carrera-Bahn	☺	✳	☹
Elektrische Eisenbahn	☺	✳	☹
Im Internet surfen	☺	✳	☹
Im Internet chatten	☺	✳	☹
Computer-Spiele	☺	✳	☹
Andere Computernutzung	☺	✳	☹
Spiel und Sport (evtl. auch Tätigkeiten in Vereinen):			
Fußball	☺	✳	☹
Tischtennis	☺	✳	☹
Schwimmen	☺	✳	☹
Rad fahren	☺	✳	☹
Einrad fahren	☺	✳	☹
Karten spielen	☺	✳	☹
Handarbeiten	☺	✳	☹
Basteln	☺	✳	☹
Jonglieren	☺	✳	☹
Musikinstrument spielen	☺	✳	☹
Reiten	☺	✳	☹
Gokartfahren	☺	✳	☹
Judo	☺	✳	☹
Karate	☺	✳	☹
Anderes:			
	☺	✳	☹
	☺	✳	☹
	☺	✳	☹
	☺	✳	☹
	☺	✳	☹
	☺	✳	☹
	☺	✳	☹

Sofort-Rückmeldungen zwischen Schule und Elternhaus

Lassen Sie Ihre Eltern nicht im Unklaren über das Verhalten ihrer Sprösslinge in der Schule. Nun können Sie nicht jedes Mal einen Brief schreiben, wenn Sie ihnen eine Rückmeldung zukommen lassen wollen. Daher empfehle ich, sich einen Vorrat von Rückmeldungsstreifen anzulegen. Ihr/Ihre Schüler/in hat die Hausaufgaben nicht gemacht. Ein Griff in den Schreibtisch und Sie lassen den Streifen ins Heft klemmen. Sie müssen nur noch die Namen eintragen. Beginnen wir mit positiven Rückmeldungen, darauf folgen Beispiele für negative Rückmeldungen.

Schule: ....
Klassenlehrer/in: ....
Frau/Herrn: ....

Rückmeldung an die Eltern: **Gute Mitarbeit**

______________________________ hat in meiner Stunde gut mitgearbeitet. Das ist erfreulich und sollte so bleiben.

Mit freundlichem Gruß
Unterschrift: ______________________________

Schule: ....
Klassenlehrer/in: ....
Frau/Herrn: ....

Rückmeldung an die Eltern: **Gutes Verhalten in der Schule**

______________________________ hat sich in meinem Unterricht einwandfrei verhalten. Das ist erfreulich und sollte so bleiben.

Mit freundlichem Gruß
Unterschrift: ______________________________

Schule: ....
Klassenlehrer/in: ....
Frau/Herrn: ....

Rückmeldung an die Eltern: **Pünktliches Erscheinen**

______________________________ ist pünktlich in der Schule erschienen. Das ist erfreulich und sollte so bleiben.

Mit freundlichem Gruß
Unterschrift: ______________________________

Schule: ....
Klassenlehrer/in: ....
Frau/Herrn: ....

Rückmeldung an die Eltern: **Unvollständige Schulsachen**

______________________________ hat zu oft die erforderlichen Schulsachen nicht dabei. Z. B. ______________________________ .

Bitte sorgen Sie für Vollständigkeit der Schulsachen.

Mit freundlichem Gruß

Unterschrift: ______________________________

Schule: ....
Klassenlehrer/in: ....
Frau/Herrn: ....

Rückmeldung an die Eltern: **Mangelnde Mitarbeit**

______________________________ beteiligt sich kaum am Unterricht.

Ihre/seine Anstrengungsbereitschaft ist zu gering. Letztes Beispiel: ______________________________ .

Bitte sorgen Sie mit uns dafür, dass sich ______________________________ Arbeitsverhalten verbessert.

Mit freundlichem Gruß

Unterschrift: ______________________________

Schule: ....
Klassenlehrer/in: ....
Frau/Herrn: ....

Rückmeldung an die Eltern: **Unzureichendes Sozialverhalten**

______________________________ Sozialverhalten lässt zu wünschen übrig.

Letztes Beispiel: ______________________________ .

Bitte sorgen Sie mit uns dafür, dass sich sein/ihr Verhalten bessert.

Mit freundlichem Gruß

Unterschrift: ______________________________

Schule: ....
Klassenlehrer/in: ....
Frau/Herrn: ....

Rückmeldung an die Eltern: **Unangemessenes Sprachverhalten**

______________________________ benutzt zu oft beleidigende und provozierende Ausdrücke gegenüber Mitschülerinnen, Mitschülern und Lehrkräften.

Letztes Beispiel: ____

____.

Sorgen Sie gemeinsam mit uns für Abhilfe.

Mit freundlichem Gruß

Unterschrift: ______________________________

Schule: ....
Klassenlehrer/in: ....
Frau/Herrn: ....

Rückmeldung an die Eltern: **Unpünktlicher Schulbesuch**

______________________________ kommt zu oft zu spät in den Unterricht.

Letztes Beispiel: ____

____.

Bitte sorgen Sie mit uns für Abhilfe.

Mit freundlichem Gruß

Unterschrift: ______________________________

2.2 Problemfälle anpacken - Einzelfallhilfe

2.2.1 Beratungsgespräche durchführen

- Eltern beraten und verpflichten
- Möglichkeiten zum Feedback schaffen
- Eltern an professionelle Dienste vermitteln

Im Falle von besonderen Verhaltens- und Lernproblemen einzelner Schülerinnen und Schüler, muss man sich an deren Eltern wenden. Mit diesem Kapitel beginnen wir den Teil des Buches, der sich mit der **Einzelfallhilfe** beschäftigt.

Zunächst schlage ich vor, Beratungsgespräche so zu gestalten, dass getroffene Vereinbarungen zu einem späteren Zeitpunkt kontrolliert werden können. Diese Gespräche nenne ich **Feedbackgespräche**.

Da Elternarbeit die verhaltensbeeinflussende Arbeit in Bezug auf das Kind unterstützen soll, dürfen Sie nie vergessen, parallel zur Elternarbeit handfeste, erkennbare „Schülerarbeit" zu leisten. Das heißt, dass Sie sich z. B. ein **Programm zum Abbau der vorliegenden Störungen** ausgedacht haben müssen, das auf das Kind einwirkt.

Machen Sie sich vor einem Beratungsgespräch kundig, welche **professionellen Dienste** es rund um Ihren Schulort gibt. Oft ist es hilfreich, den Eltern ein Merkblatt mit den Adressen dieses Dienstes auszuhändigen.

Beratungsgespräche: Feedbackgespräche

Gespräche mit Eltern dienen zum einen der allgemeinen Kontaktaufnahme, zum Kennenlernen und zum Besprechen organisatorischer Fragen. Zum anderen sollen Eltern aber auch **beraten** werden. In der Regel werden Beratungsgespräche geführt, wenn schwerwiegende Probleme im Lern- und Verhaltensbereich vorliegen. Wenn die Schulleistung absinkt oder die Versetzung gefährdet ist oder wenn deutlich aggressives Verhalten beobachtet wird. Wenn Sie als Lehrkraft beratend tätig werden, empfiehlt es sich, **ein Protokoll oder eine Gesprächsnotiz anzufertigen**. Die Niederschrift belegt, dass Sie sich gekümmert haben.

Nun werden Sie, liebe Leserin und lieber Leser, bereits die Stirn kräuseln und sich fragen, warum ich Sie mit offenen Türen langweile und über Dinge berichte, die an unseren Schulen gang und gäbe sind. Ich darf Sie beruhigen, auf die normalen Protokolle und Gesprächsnotizen bin ich nicht aus. Vielmehr empfehle ich **Beratungsprotokolle, die Eltern zu bestimmten Handlungen und Aktionen verpflichten**. Und das macht den entscheidenden Unterschied.

Legen Sie Gespräche von vornherein so an, dass man sie als Unterlage für weitere Gespräche nutzt, die der **Kontrolle** dienen, ob die **Vorschläge oder Absprachen** eingehalten wurden. Die Folgegespräche werden also ins Erstgespräch „einkalkuliert". Es geht also darum, dass Gespräche sich nicht in Luft auflösen. „Schön, dass wir mal drüber gesprochen haben." Und das war's dann. Nein, **packen Sie Eltern und verpflichten Sie sie zu Maßnahmen**, die ihrem Kind helfen. Protokollieren Sie dabei nicht: Es wurden die Verhaltensprobleme intensiv besprochen und es wurde um erzieherische Einwirkung gebeten. Bestimmen Sie den Problemkreis und halten Sie diese Maßnahmen fest, die seitens des Elternhauses eingeleitet werden müssen.

Anschließend wird der Zeitpunkt festgelegt, an dem überprüft wird, ob die Eltern so gehandelt haben, wie es vereinbart wurde. Dabei sollten Sie auch notieren, was **Sie** zu tun gedenken, um zu einer **Lösung des Problems** zu kommen. Das ist aus psychologischen Gründen wichtig. Sonst entsteht der Eindruck, dass nur das Elternhaus handeln soll. „Wir tun das Unsere. Sie, liebe Eltern, tun das Ihre. Und zu dem festgelegten Zeitpunkt, prüfen wir, ob wir unsere Schulaufgaben und Sie Ihre Hausaufgaben gemacht haben und ob Fortschritte erzielt wurden." Anders als bei der **Aufstellung eines Förderplans** geht es hier um Teilbereiche des Verhaltens und der Erziehung. Bei Förderplänen geht es um umfangreiche Beratung. Hier wird auf problematisches Verhalten reagiert.

Ich empfehle übrigens **Karteikarten für das Protokoll** zu verwenden. Die können zur Erinnerung notfalls an den Küchenschrank geklebt werden. „Achtung! An diese Maßnahmen muss ich bei der Erziehung meines Kindes achten!" Lassen Sie die Karteikarte **unterschreiben**. Damit haben Sie zwar noch nicht einen Vertrag abgeschlossen. Aber die Unterschrift misst Ihrer Beratung Gewicht bei. Eine Kopie der Karte kommt in die Schülerakte. Wenn sie während eines Hausbesuchs geschrieben wird, müssen Sie sie zunächst in die Schule zurücknehmen und dort kopieren. Am nächsten Tag nimmt der Schüler oder die Schülerin sie mit nach Hause.

Die folgenden Punkte über das Beratungsgespräch mit den Eltern sollten auf der Karteikarte immer vorhanden sein:

1. **Name** des/der Schülers/Schülerin
   Datum des Besuchs
2. Skizzierung des **Problemverhaltens**
   Folgen bei Beibehaltung des Problemverhaltens
3. Definition der **Verhaltensänderung:**
   „Das wollen wir gemeinsam erreichen"
4. Was die **Schule** zur Erreichung der Verhaltensänderung tun will.
5. Was die **Eltern** zur Erreichung der Verhaltungsänderung tun sollen.

Karteikarte: Vorderseite und Rückseite

Schule: .... Datum: ....

Lehrkraft:. .... **Beratungsgespräch**

Schüler/in:. .... O zu Hause O in der Schule

Problembereich: ____

____

____

Wenn sich keine Besserung einstellt, müssen Sie mit diesen **Folgen** rechnen:

____

____

Gesprächsnotizen: ____

____

____

- -

Was wir gemeinsam erreichen wollen: ____

____

____

Was die Schule zur Lösung des Problems tut: ____

____

____

Was Sie tun müssen: ____

____

____

Folgegespräch am: ____________________

Unterschrift Lehrkraft

....

Unterschrift Elternteil

....

Karteikarte (Beispiel)

Vorderseite

Schule: xxx
Lehrkraft: *P. Müller*
Schüler/in: *Sascha Schmidt, Kl. 7a*

Datum: 12. 6. 2004
Beratungsgespräch
O zu Hause X in der Schule

Problembereich: *Aggressives Verhalten während der Pausen, mehrere Erpressungsversuche, er verweigert Wiedergutmachung.*

Wenn sich keine Besserung einstellt, müssen Sie mit diesen **Folgen** rechnen:

Ausschluss vom Unterricht,
notfalls Anzeige bei der Polizei.

Gesprächsnotizen: *Frau Schmidt weist darauf hin, dass Sascha auch zu Hause aggressiv ist. Er hat mehrfach seine jüngeren Geschwister geschlagen. Sie hat bereits überlegt, das ASD aufzusuchen.*

Rückseite

Was wir gemeinsam erreichen wollen: *Deutliche Verringerung aggressiver Taten, Wiedergutmachungsleistungen.*

Was die Schule zur Lösung des Problems tut: *Besprechung der Problematik mit Sascha! Einforderung von Wiedergutmachung.*

Was Sie tun müssen: *Die Benachrichtigungen der Schule ernst nehmen (Konsequenzen!), auch zu Hause auf Aggressionsbeherrschung achten, auf Wiedergutmachung hinwirken, jeden Freitag 12.30 Uhr Rückruf in der Schule.*

Folgegespräch am: 16. 8. 2004

Unterschrift Lehrkraft ....

Unterschrift Elternteil ....

Folgegespräch

Am festgesetzten Stichtag kommt es zum Folgegespräch. **Jetzt müssen die Eltern Farbe bekennen.** Haben sie die vereinbarten Maßnahmen eingehalten? Wenn nicht, konzipieren Sie eine ähnliche Karte. Die Rückseite können Sie für Gesprächsnotizen nutzen.

Lehrkraft: ....

Schüler/in:. ....

Beratungsgspräch/Folgegespräch
zur Beratung vom: ____________________

Problembereich: ....

Es wurde nochmals mit Nachdruck auf die Folgen hingewiesen, die sich aus dem Problemverhalten ergeben.
Bitte beachten Sie, dass es auch zu ausschließenden Maßnahmen kommen kann.
Um dies zu verhindern, müssen seitens des Elternhauses die folgenden Maßnahmen getroffen werden:

____

____

Unterschrift Lehrkraft

....

Unterschrift Elternteil

....

Gesprächsnotizen:

____

____

____

____

____

____

____

____

____

____

____

____

____

Service für Eltern: Adressenliste Hilfsdienste

Oft wissen Eltern nicht, an wen oder an welche Institution sie sich wenden können, wenn es Probleme mit den Kindern gibt. Bereiten Sie eine Telefon- und Adressenliste vor, die Ihnen hilft, Kontakt aufzunehmen. Tragen Sie die Anschriften und Telefonnummern ein!

Wer hilft, wenn es Erziehungsprobleme gibt? Wen kann ich ansprechen, wenn Gesundheitsprobleme vorliegen? Wir legen Ihnen eine Telefon- und Anschriftenliste vor, die Ihnen hilft, den richtigen Ansprechpartner zu finden.

ASD (Allgemeiner Sozialer Dienst)
Adresse: Telefon:

Schulpsychologische Beratungsstelle
Adresse: Telefon:

Kinder- und Jugendschutzhaus
Adresse: Telefon:

Deutscher Kinderschutzbund
Adresse: Telefon:

Gesundheitsamt
Adresse: Telefon:

Schulamt
Adresse: Telefon:

Polizeistation im Schulbezirk
Adresse: Telefon:

Kriminalpolizei
Adresse: Telefon:

Suchtberatungsstelle
Adresse: Telefon:

Pro Familia
Adresse: Telefon:

AWO
Adresse: Telefon:

- Vergessen Sie nicht, dass Sie sich auch in der Schule direkt oder vermittelnd Hilfe holen können.
- Ihr Kind spricht schlecht? Wir vermitteln Diagnose und Therapie.
- Ihr Kind hat Probleme im Rahmen einer körperlichen Behinderung?
  Wir vermitteln den Kontakt zu dem/der Fachbeauftragten für Körperbehinderte.

2.2.2 Verhaltensgrundlagen erkunden

- Eltern besuchen
- Vorbereitete Fragen zur Erkundung nutzen

Erkunden Sie die Verhaltensgrundlagen Ihrer Schülerinnen und Schüler. Sie werden sie erst dann ganz verstehen, wenn Sie einen Hausbesuch abgestattet haben. **Hausbesuche sind eine ergiebige Quelle.** Zapfen Sie sie an. Im folgenden Kapitel wird zunächst begründet, warum Hausbesuche so empfehlenswert sind. Dann werden Realisierungshinweise gegeben. Zur intensiven Vorbereitung eines Hausbesuchs wird ein Fragebogen angefügt.

Hausbesuche – eine ergiebige Quelle

Verlieren Sie die Scheu vor Hausbesuchen. Hausbesuche lohnen sich. Eigentlich immer. Auch bei Eltern von Schülerinnen und Schülern, die unauffällig sind.

Nun teilen sich bei Hausbesuchen die Geister. „Elternarbeit, ja bitte. Aber nun nicht gerade im Elternhaus. Wenn die Eltern etwas von uns wollen, sollen Sie in die Schule kommen."

Nun habe ich in diesem Buch mehrfach versucht, deutlich zu machen, dass auch wir Lehrer und Lehrerinnen „etwas von Eltern wollen". **Mehr Engagement, mehr Interesse, mehr Unterstützung.** Das macht den Unterschied zu lustlos abgespulten Elternveranstaltungen aus, dass man Eltern auch entgegengeht, ihnen die Hand ausstreckt, ihnen signalisiert, dass auch wir Interesse an ihnen haben. Jeder Klassenlehrer/jede Klassenlehrerin, auch jene, die auf dem Gymnasium ihren Dienst tun, sollten **wenigstens ein Mal während ihrer Klassenbetreuung** einen Hausbesuch bei den Eltern ihrer Schülerinnen und Schüler gemacht haben. Es muss ja nicht immer ein Problemgespräch dabei herauskommen. Wir sind es unseren Schülerinnen und Schülern schuldig, einen Blick auf ihr häusliches Umfeld zu werfen.

Zugegeben, der Zeitaufwand ist beträchtlich. **Aber die hier investierte Zeit zahlt sich aus.** Notfalls sollten Sie Ihren Schulleiter ansprechen. Falls Sie – wegen einer Massierung von Problemfällen, oder weil Sie eine Aktion zur Intensivierung von Elternarbeit durchführen – viele Elternbesuche in einem relativ kurzen Zeitraum machen, sollten Sie auf eine Stundenreduzierung hoffen dürfen.

Warum wird hier so **deutlich für die Abstattung von Elternbesuchen** plädiert? Aus drei Gründen:

- **Erstens:** Lehrerkräfte und Eltern sind sich im außerschulischen Bereich fremd geworden. Beim guten alten Dorfschulmeister war das anders. Da kannte der Lehrer die Dorfbewohner. Der wusste, wo und wie seine Schülerinnen und Schüler wohnten. Welcher Lehrer wohnt heute noch im Stadtteil, in dem seine Schule liegt? Daher wissen die meisten Lehrkräfte nicht, wie das soziale Umfeld ihrer Schülerinnen und Schüler aussieht, in welcher Wohnung sie leben, wie die Rahmenbedingungen ihres Aufwachsens sind.
- **Zweitens:** Elternbesuche erlauben den Blick aus einer anderen Perspektive. Die Lehrkraft ist der Gast. Die Eltern haben die Möglichkeit, als Gastgeber Einfluss auf das Gespräch zu nehmen. Die Atmosphäre der Kontaktaufnahme ist zumeist lockerer als in der Schule.
- **Drittens:** Lehrkräfte haben die Möglichkeit, durch einen Hausbesuch einen Gesamteindruck von den Lebensbedingungen ihrer Schülerinnen und Schüler zu bekommen. Schon der erste Eindruck beim Betreten eines Treppenhauses kann zu Erkenntnissen führen, die für das Verständnis für bestimmte Verhaltensweisen von Kindern und Jugendlichen von größter Bedeutung sind.

Und schließlich muss auch erwähnt werden, dass **Hausbesuche notwendig** sind, wenn Eltern in der Schule nicht erscheinen. Das sind zumeist die schwierigsten Eltern. Und an die wollen wir ja ran. Viele Lehrkräfte haben bei diesen Eltern eine besondere Scheu, sie zu Hause aufzusuchen.

In der Regel sind Lehrerbesuche in problematischen Elternhäusern durchaus erwünscht. Melden Sie sich an, und die Haustür wird sich öffnen. Im Übrigen haben Sie die Möglichkeit, einen **Hausbesuch im Tandem mit einem Sozialarbeiter** durchzuführen. Die zuständigen Sozialarbeiter begrüßen eine solche Kooperation.

Melden Sie sich bei den Eltern vorher an. Dabei sollten Sie auf ein Thema verweisen, nicht auf einen (unerfreulichen) **Anlass**. Also: „Ich möchte Sie besuchen, um mit Ihnen über die schulischen Leistungen Ihres Sohnes zu sprechen." Nicht aber: „Sascha hat Jan zusammengeschlagen. Darüber muss ich unbedingt mit Ihnen sprechen."

Setzen Sie die Eltern nicht gleich unter Druck oder in eine Verteidigerrolle. Besuche im Elternhaus eröffnen die Chance, ein breit angelegtes Gespräch, eine tour d'horizont, über das Kind zu führen. **Wenn es um Problemverhalten geht, vergessen Sie nicht, die positiven Seiten des Kindes zu erwähnen.**

Wenn Sie auf bestimmte Absprachen aus sind, müssen Sie diese protokollieren. Nehmen Sie sich eine Beratungskarteikarte mit. Wenn Sie nach Ursachen von Verhaltensstörungen suchen, sollten Sie die Schülerakte vorher sorgfältig studieren und sich einen Fragebogen vorher zurechtlegen. Es empfiehlt sich grundsätzlich, **Elternbesuche gut vorzubereiten**. Wenn der Besuch zusammen mit einem Sozialarbeiter abgestattet werden soll, ist es unumgänglich, sich vorher über Ziel und Vorgehensweise auszutauschen.

Um Ihnen die Arbeit zu erleichtern, folgen ein **Elternfragebogen** und ein **Schreiben an den Sozialen Dienst**, indem Sie sich bereit erklären, an einem Tandemhausbesuch teilzunehmen.

Fragebogen für die Einzelfallhilfe

Name: ....
Vorname: ....
geboren: ....
Erziehungsberechtigte: ....

Bei Hausbesuch einleitende Fragen zum Wohnumfeld
Adresse: ....
Lage des Hauses: ....
Spielmöglichkeiten im Umfeld: ....

1. **Einleitende Fragen zur Person der Schülerin/des Schülers**

   Wie schätzen Sie ihre/seine Gesundheit ein?

   Hat sie/er Kinderkrankheiten gehabt?

   War sie/er in Unfälle verwickelt?

   Gibt sie/er selbst auf seine Gesundheit Acht?

   Achtet sie/er selbst auf Körperpflege?

2. **Fragen zum sozialen Hintergrund**

   Wie verbringt sie/er ihre/seine Freizeit?

   Wo liegt der Schwerpunkt der Freizeitbeschäftigung?

   Mit wem verbringt sie/er die meiste Freizeit (Vater, Mutter, Großmutter, Großvater, Geschwister, Klassenkameraden, Spielkameraden aus der Nachbarschaft)?

   Hat sie/er eine/einen enge Freundin/engen Freund?

   Durch welche Person (Personen) wird sie/er beeinflusst?

   Hat sie/er besondere Idole?

   Ist sie/er in einem Verein?

   Nimmt sie/er regelmäßig an Vereinsveranstaltungen teil?

   Trifft sie/er sich in einer Clique (Gleichaltrigengruppe)?

Unternimmt sie/er gelegentlich (oder oft) etwas allein?

Kann sie/er sich auch längere Zeit allein beschäftigen?

Klagt sie/er oft über Langeweile?

Wie spricht sie/er über andere Kinder (objektiv, bewundernd, herablassend)?

Ist sie/er bei anderen Kindern beliebt?

3. Fragen zu besonderen Verhaltensbereichen

Zeigt sie/er deutlich unterschiedliches Verhalten
- zu Hause
- in der Schule
- in der Clique (Gruppe)?

Wie verhält sie/er sich bei Gesellschaftsspielen?

Kann sie/er verlieren?

Mit welchen Spielen verbringt sie/er viel Zeit (Computer, Play-Station, Gameboy ...)?

- Welchen Sport treibt sie/er?
- Spielt sie/er gerne an der frischen Luft?
- Geht sie/er regelmäßig oder oft schwimmen?

Wie sieht der Tagesablauf Ihres Kindes aus?

In welchen Situationen ergeben sich besondere Verhaltensprobleme?

Kann sie/er Frustrationen verarbeiten?

Neigt sie/er zu aggressiven Verhalten?

Wie verhält sie/er sich in Gegenwart jüngerer Kinder?

Kann sie/er Gefühle äußern?

Kann sie/er angemessen mit ihren/seinen Gefühlen umgehen?

Redet sie/er mit Ihnen, wenn sie/er Probleme hat?

4. Fragen zum Elternverhalten

Wie oft essen Sie gemeinsam mit Ihren Kindern?

Machen Sie gemeinsame Ausflüge (ins Schwimmbad, Picknick, Strand, Museum)?

Gibt es andere Freizeitaktivitäten, die Sie gemeinsam mit Ihren Kindern gestalten?

Reden Sie mit Ihrem Kind über problematisches Verhalten?

Halten Sie sich für konsequent?

Wie nehmen Sie Einfluss auf das Verhalten Ihres Kindes?

Wofür belohnen Sie Ihr Kind?

Womit?

Wie oft?

Wofür bestrafen Sie Ihr Kind?

Womit?

Wie oft?

Wie reagiert Ihr Kind auf Belohnung und Strafe?

Besteht zwischen Vater und Mutter Einigkeit in Fragen der Erziehung?

Handeln Sie entsprechend?

5. Schulbedeutsame Fragen

Geht Ihr Kind gerne zur Schule?

Fühlt sich Ihr Kind in ihrer/seiner Klasse wohl?

Hat Ihr Kind Freunde aus der Klasse?

Erzählt Ihr Kind von dem, was es in der Schule erlebt?

Sind Sie mit den Schulleistungen Ihres Kindes zufrieden?

Ist Ihr Kind mit seinen Schulleistungen zufrieden?

Fühlt sich Ihr Kind gerecht beurteilt?

Meinen Sie, dass sich Ihr Kind generell mehr anstrengen sollte?

Fühlt sich Ihr Kind gerecht behandelt?

Erledigt sie/er ihre/seine Hausaufgaben ordentlich?

Erledigt sie/er ihre/seine Hausaufgaben selbstständig?

Helfen Sie bei den Hausaufgaben?

Belohnen Sie Ihr Kind für gute Schulleistungen?

Bestrafen Sie es für schlechte Schulleistungen?

Erzählt Ihr Kind von Schwierigkeiten mit anderen Kindern?

Erzählt Ihr Kind von Schwierigkeiten mit Lehrkräften?

Ist Ihr Kind an schulischen Arbeitsgemeinschaften interessiert?

Schreiben an ASD (Allgemeiner Sozialer Dienst)

Wenn Sie einen **Elternbesuch zusammen mit dem zuständigen Sozialarbeiter** abstatten wollen, melden Sie sich mit einem Schreiben wie diesem im ASD an.

Schule: .... **Datum:** ....
Klassenlehrer/in: ....

An den
Fachbereich Allgemeiner Sozialer Dienst
Frau/Herrn

hier

Mitteilung an den Allgemeinen Sozialen Dienst
Frau/Herr ______________________________

Wegen zunehmender Verhaltensprobleme eines meiner Schüler/eines meiner Schülerinnen.

Der Schüler/die Schülerin ______________________________, geb. am ____________
z. Zt. Klasse ________

Erziehungsberechtigte/r: ____

wohnhaft: ____

zeigt ein zunehmend problematisches Verhalten. Und zwar: ______________________
____
____
____
____
____
____

Wir bitten um begleitende Maßnahmen seitens des ASD.
Ich bin als Klassenlehrer/in bereit, gemeinsam mit einem Sozialarbeiter einen Hausbesuch abzustatten.

Mit freundlichen Grüßen

2.2.3 Förderpläne für den häuslichen Bereich aufstellen

- Förderungsmaßnahmen auflisten
- Förderungsmaßnahmen systematisch zusammenstellen

Alle reden von Förderplänen. Wir auch. Förderpläne werden von den Kultusministerien zur Zeit zur pädagogischen Wunderwaffe erklärt. Das sind sie gewiss nicht. Aber im häuslichen Bereich mit Bedacht eingesetzt, können sie helfen, Bewegung in das Erziehungsverhalten der Eltern zu bringen. Warum soll man nicht auch Eltern einen Plan in die Hand geben, in dem Fördermaßnahmen für den häuslichen Bereich festgehalten werden?

Viele Lehrerinnen und Lehrer schreiben sich jetzt schon fast die Finger wund. Berichtszeugnisse hier und Berichte für die Orientierungsstufe dort. Hier ein Gutachten für die Förderschule, dort ein Protokoll über ein Beratungsgespräch. Und nun komme ich und schlage vor, Förderpläne für den häuslichen Bereich aufzustellen.

Sorry, liebe Leserin und lieber Leser. Irgendwie habe ich auch ein schlechtes Gewissen dabei. Aber ich glaube, dass mein Vorschlag durchaus Sinn macht. Denn wiederum geht es um die Verpflichtung der Eltern, das Ihre zum Fortkommen ihrer Kinder beizusteuern und in konkreten Maßnahmen deutlich zu machen. Es reicht eben nicht aus, ihnen zu sagen: „Sie müssen Ihre Kinder angemessen fördern." Wir müssen ihnen schon mitteilen, was unter „angemessene Förderung" zu verstehen ist.

Außerdem gilt: das Aufstellen eines „Förderplans Elternhaus" kann als Nebenprodukt eines Schülerförderplans mit relativ geringem Einsatz an Zeit und Energie realisiert werden. Und schließlich: Förderpläne für den häuslichen Bereich sollen ja nur für einige wenige Eltern aufgestellt werden.

Was ist unter einem Förderplan zu verstehen?

Ein Förderplan leistet Maßnahmen zur individuellen Förderung auf. Er konkretisiert allgemeine Hinweise, indem er vom Ist-Zustand ausgehend, zu erreichende Ziele festlegt und Hilfsmittel zu deren Erreichung angibt. Es heißt also nicht: „Das Kind .... muss sich mehr Mühe in Mathe geben." Sondern: „Petra rechnet im Zahlenraum bis 20. Die Zehnerübergänge bereiten ihr Schwierigkeiten. Sie muss die Zehnerübergänge durch Üben festigen. Übungsmaterial ist im Beiheft zum Mathebuch."

Ähnlich präzise Angaben kann man auch im erzieherischen Bereich machen. Wenn Petra, 7 Jahre alt, Schülerin einer zweiten Klasse, dadurch auffällt, dass sie bei leichten Frustrationserlebnissen im sozialen Bereich zu Wutausbrüchen und langandauerndem Beleidigt-Sein neigt, kann man dem auch im häuslichen Bereich entgegenwirken. Hier könnte man in einem Förderplan den folgenden Punkt aufnehmen: „Um Frustrationserlebnisse besser verarbeiten zu können, sollte sie häufiger an Gesellschaftsspielen beteiligt werden."

Der Witz eines Förderplans besteht also darin, **zielgerichtete Empfehlungen,** inklusive der Angabe von Hilfsmitteln, **auszusprechen.** Dabei sollen die Rahmenbedingungen, Interessen und Neigungen des Kindes berücksichtigt werden. Die Formulierung muss verständlich sein. Auch bei Förderplänen für den häuslichen Bereich wird man die Ausgangslage berücksichtigen, das Ziel beschreiben und den Weg zum Ziel angeben.

Um die Sache nicht zu kompliziert zu machen, können Sie sich aber auch auf Empfehlungen beschränken, die den Kern der Förderung beinhalten: nämlich die auszuführende Maßnahme. Wenn Sie empfehlen: „Achten Sie bei Petra auf ausreichende Bewegung, Spiele an der frischen Luft.", dann sind Sie, ohne es weiter schriftlich festgehalten zu haben, natürlich davon ausgegangen, dass hier ein Mangel vorliegt. Oder: „Lassen Sie Petra mehr lesen. Wöchentlich mindestens 40 Seiten. Passende Bücher kann Petra sich bei mir in der Klassenbücherei ausleihen." Damit ist das Wesentliche gesagt.

Sie können die Sache aber systematisch angehen und in ein vorbereitetes Formblatt die Verhaltensbereiche aufgliedern, in gesonderten Spalten **Aussagen über die Ausgangslage, die Ziele und die Hilfsmittel** machen. Der Förderplan wird mit den Eltern besprochen. Er wird von der Lehrkraft und einem Elternteil unterschrieben. Ein Exemplar bleibt bei den Eltern. Ein Exemplar wandert in die Schülerakte.

Genug der trockenen Einführung in die Idee „Förderplan". Die folgenden **Beispiele** zeigen Ihnen viel besser, worum es geht.

Zunächst ein formloser Förderplan:

Sascha, 10 Jahre, 5. Klasse, bereitet seinem Klassenlehrer Sorge.

Seine Deutschleistungen sind nur knapp ausreichend. Dabei ist Sascha ein normal intelligenter Junge. Doch mit dem Lesen geht's bergab. Mit der Sinnentnahme klappt es nicht. Er liest zu langsam. Mit der Rechtschreibung ist es auch nicht weit her. Seine Mappen werden unsauber geführt. Neuerdings zeigt er sich sehr unfolgsam. Auch gibt er gelegentlich freche Widerworte.

Der Klassenlehrer sieht sich die Schülerakte an, wertet die Arbeitsergebnisse aus und stellt einen Förderplan auf. Hier werden jene Maßnahmen aufgelistet, die die Eltern treffen sollen, um ihrem Sohn zu helfen.

Auf der nächsten Seite finden Sie einen Förderplan für Sascha.

Beispiel Förderplan (kleine Lösung)

Klaus Müller
Klassenlehrer 5 a

Förderplan häuslicher Bereich

für Sascha Kleinschmidt, Klasse 5 a, Eichhofschule

Sehr geehrte Frau Kleinschmidt,
sehr geehrter Herr Kleinschmidt,

wie Sie wissen, sind das Verhalten und die schulischen Leistungen Ihres Sohnes Sascha verbesserungsbedürftig. Nach Auswertung meiner Unterrichtsbeobachtungen, der Arbeitsergebnisse in den Schulheften und Mappen und des letzten Zeugnisses, habe ich mir Gedanken gemacht, wie Sie im Elternhaus durch erzieherische oder organisatorische Maßnahmen helfen können, dass Sascha in der Schule besser zurechtkommt und bessere Leistungen erbringt.

Sascha hat – das möchte ich deutlich unterstreichen! – noch Leistungsreserven. Es geht darum, diese Reserven durch gemeinsame Anstrengungen in der Schule und im Elternhaus zu mobilisieren.

Die folgenden Punkte sollten Sie im Umgang mit Sascha und bei seiner Erziehung beachten:

1. Zur Förderung der allgemeinen Entwicklung

- Achten Sie auf ausreichende Bewegung: sprich an der frischen Luft.
- Sascha sollte seine guten Schwimmfähigkeiten trainieren.
  Anmeldung im Verein ist zu empfehlen.
- Achten Sie auf saubere Aussprache.
- Achten Sie darauf, dass Sascha seine Sätze beendet.
- Vermitteln Sie Sascha persönliche Erfolgserlebnisse.
- Legen Sie Sascha gelegentlich Denkaufgaben vor (Intelligenztraining). Aufgaben finden sich in Zeitungen und Jugendzeitschriften. Wenn Sie Schwierigkeiten haben, Material zu finden, werde ich Ihnen Aufgaben zur Verfügung stellen.
- Begrenzen Sie das Fernsehprogramm. 1 Stunde täglich maximal.
- Kontrollieren Sie das Programm.
- Achten Sie auf ein Mindestmaß an Folgsamkeit im häuslichen Bereich. Achten Sie auf elterliche Konsequenz.

2. Zur Förderung der schulischen Entwicklung

- Lassen Sie Sascha mehr lesen. Um seine Lesefähigkeit zu trainieren, sollte er in jeder Woche ein kleines Buch (40 Seiten) lesen. Bücher sind in der Schulbücherei auszuleihen!
- Lassen Sie sich von Sascha wöchentlich einmal laut vorlesen.
- Prüfen Sie, ob Sascha die Unterrichtsinhalte in Deutsch verstanden hat. Geben Sie erforderlichenfalls Nachhilfe. Wenn Sie sich unsicher sind, rufen Sie mich an.
- Trainieren Sie das Arbeitstempo bei Schreibaufgaben.
  Sascha muss deutlich schneller schreiben.
- Kontrollieren Sie mindestens 2 mal wöchentlich die Mappen und die Schultasche.
- Bekunden Sie immer wieder Ihr Interesse an schulischen Dingen.
- Halten Sie Kontakt zur Schule.

Bitte bedenken Sie, dass Sascha zum Halbjahr:

✲ seine Deutschleistungen stabilisiert haben muss,

✲ sein Arbeitstempo erhöht haben sollte,

✲ seine Scheu vor Anstrengungen erkennbar abgebaut haben sollte.

Der Förderplan ist mir am ________________ ausgehändigt und erläutert worden.

____

Unterschrift Elternteil

____

Unterschrift Klassenlehrer/in

Förderplan mittels Formblatt

Hier nun ein Förderplan, der sich eines Formblatts bedient. Die Förderbereiche sind aufgegliedert (siehe folgende Seite).

- Die **Ausgangssituation** wird skizziert.
- Das **Ziel** wird angegeben.
- Und schließlich wird in einer Rubrik auf die **Hilfsmittel oder Maßnahmen,** die zur Erreichung der Ziele dienen sollen, hingewiesen.

Wenn man einen Förderplan so anlegt, ist es empfehlenswert, einen Elternbesuch vorzuschalten. Die Informationsquellen „Beobachtungen in der Schule" und „Studium der Schülerakte und andere Unterlagen" reichen nicht immer aus.

Der folgende **Förderplan** möge sich an diesem Kind orientieren. „**Alexandra, 11-jähriges Mädchen einer 5. Hauptschulklasse.** Sie hat eine Klasse wiederholt. Erneutes Sitzenbleiben ist nicht auszuschließen. Schwache Leistungen in allen Fächern. In Mathe droht ein „Mangelhaft". Sie ist nervös und zappelig. Sie spricht schnell und verhuscht. Heft- und Mappenführung sind unsauber. Anlässlich eines Hausbesuchs hat die Lehrkraft erfahren, dass Alexandra auch zu Hause Schwierigkeiten hat und Schwierigkeiten macht. Sie versucht die Eltern gegenseitig auszuspielen, lügt oft, entlädt ihre Wut in Schimpfkanonaden und drangsaliert ihren kleineren Bruder.

Förderplan für den häuslichen Bereich für Schüler A.

Förderbereich	Ausgangssituation	Was wir erreichen wollen	Hilfsmittel und Maßnahmen
Wahrnehmung und Bewegung	unauffällig A. ist oft zu nervös zappelig	Allgemeine Beruhigung Bewegungsdrang in positive Richtung bringen	Kontakt zu einem Sportverein aufnehmen A. soll sich immer „austoben" können Spiele an frischer Luft
Sprache und Denken	spricht zu schnell unordentliche Aussprache unvollständige Sätze abstrakt logisches Denken schwach ausgeprägt	deutliches Sprechen in normalem Tempo vollständige Sätze sprechen zum Denken anregen, hier auch Erfolg vermitteln	Korrigieren im Alltag, laut lesen lassen: überprüfen mit Kassettenrekorder Vorlage von Intelligenztrainings-aufgaben (aus Zeitschriften)
Sozialverhalten	verträgt sich zu oft nicht mit Geschwistern und Schulkameraden zu ich-bezogen	Sozialverhalten, Vertragen, Belange und Interessen anderer anerkennen	Mit A. über die Bedeutung des Sozialverhaltens sprechen A. zu freundlichem Verhalten anregen
Spielverhalten	spielt gern und viel, kann nicht verlieren Schimpfkanonaden	Frustrationserlebnisse verarbeiten können	Schimpfkanonaden unterbinden (hier auch mit Belohnungen arbeiten!) Gesellschaftsspiele spielen
Verantwortung zu Hause	unordentliches Zimmer pflegt Haustier nur unregelmäßig	Übernahme häuslicher Pflichten Erledigung häuslicher Pflichten	Übernahme häuslicher Pflichten: Müll wegbringen, Hund ausführen Aufräumen, alles kontrollieren, evtl. Punkt-System einführen
Lernen allgemein	A. ist unkonzentriert, lässt sich ablenken, zeigt wenig Interesse, hält nicht durch	konzentriertes Arbeiten Ablenkungsbereitschaft vermindern	Konzentration trainieren (Programm aus der Schule kopieren) Radio bei Schulaufgaben aus!
Lernen in der Schule	Schwachpunkt Mathe: Testauf-gaben, bemüht sich nicht um Lösungswege an Sachkunde-Themen wenig interessiert unordentliche Hefte	Befriedigende Leistungen in Mathe und Sachkunde schulisches Interesse erhöhen	Nachhilfeaufgaben mit Mathe-Lehrkraft verabreden Interesse wecken durch elterliches Nachfragen Hausaufgaben-Kontrolle Mappe und Hefte regelmäßig kontrollieren

Unterschrift: Elternteil: ______________________

Lehrkraft: ______________________

Förderplan für den häuslichen Bereich
für ______________________

Förderbereich	Ausgangssituation	Was wir erreichen wollen	Hilfsmittel und Maßnahmen
Wahrnehmung und Bewegung			
Sprache und Denken			
Sozialverhalten			
Spielverhalten			
Verantwortung zu Hause			
Lernen allgemein			
Lernen in der Schule			

Unterschrift: Elternteil: ______________________

Lehrkraft: ______________________

2.2.4 In schwierigen Fällen intervenieren

- Vertragsähnliche Gespräche zur Verhütung von Ausschluss und Geldbußen führen

„Schulausschluss und Geldbuße, das reißt Gräben auf und verhindert die weitere Zusammenarbeit mit dem Elternhaus", so denken viele Lehrerinnen und Lehrer. Nach meiner Erfahrung ist das nicht so! Wenn **vor** den Sanktionen nach den Regeln der pädagogischen Kunst verfahren wurde, wenn Schüler und Eltern alle Chancen erhalten haben, dann ist gegen den Ausschluss und die Geldbuße nur wenig einzuwenden. **Über das Einräumen einer letzten Chance handelt dieses Kapitel.**

In manchen Fällen geht es nicht anders. Wenn Eltern ausgestreckte Hände nicht ergreifen und den Schulbesuch ihres Kindes partout nicht kontrollieren wollen, sollte man sie daran erinnern, dass es eben die letzte **Möglichkeit der Beantragung einer Geldbuße** gibt.

Wenn Schülerinnen und Schüler ihrerseits langandauernd und krass gegen gesetzte und begründete Regeln verstoßen und sich bewusst weigern, ihr Verhalten zu ändern, sollte man **Ausschlüsse aussprechen**. Dabei geht es nicht nur um die Einwirkung auf die „Täter" sondern auch darum, ein Zeichen zu setzen, das der Schulgemeinschaft deutlich macht, dass die Institution auch willens und fähig ist, Maßnahmen zum Schutze der Gemeinschaft durchzusetzen.

Im Übrigen können der Hinweis auf einen möglichen Ausschluss oder eine mögliche Geldbuße als Drohkulisse genutzt werden. „Wir tun alles Erdenkliche, um Verhalten in den Rahmen des Erträglichen zurückzuführen. Aber irgendwann sind auch wir mit unserem Latein am Ende. Dann wenden wir das an, was das Gesetz vorschreibt."

Andererseits gilt: wir wollen ausschließende Maßnahmen möglichst vermeiden. Und Geldbußen sollen ebenfalls nur als ultima ratio betrachtet werden. Daher schlage ich vor, **vertragsähnliche Gespräche mit Eltern und Schülern zu führen**, wenn die Luft dünn wird und man befürchten muss, dass ein Ausschluss bevorsteht.

Um der Verhandlung Gewicht zu verleihen, sollten die Eltern in die Schule gebeten werden. Sie können das Gespräch aber auch im Elternhaus führen. Der Schüler oder die Schülerin sollte während des Gesprächs anwesend sein. Stellen Sie den **Problembereich** dar. Wenn ein Ausschluss bereits als mögliche Maßnahme in Erwägung gezogen wurde, liegen bereits einige Unterlagen über Verhaltensprobleme vor. Bereiten Sie sich also anhand der Schülerakte auf das Gespräch vor. Nach Darstellung des Problembereichs wird der Schüler oder die Schülerin noch einmal intensiv über die **geltenden Regeln an der Schule** informiert. Sodann erläutern Sie, was die Schule tut, um zu einer Verhaltensänderung zu kommen. Und schließlich legen Sie fest, was Sie von den Eltern erwarten. **Der Protokollbogen wird von den Beteiligten unterschrieben.** Die Unterschriften verleihen der Belehrung (oder Verhandlung) Gewicht. Einen Vertrag haben Sie damit freilich noch nicht geschlossen. Immerhin kann die Verhandlung als „vertragsähnliche" Information oder Belehrung beschrieben werden.

In den letzten Jahren ist in Insiderkreisen viel von **Kontraktpädagogik** die Rede gewesen. Ich vermeide sowohl bei Erwachsenen als auch bei Kindern den Begriff „Vertrag". Wer einen Vertrag schließen will, muss vertragsfähig sein. Das ist bei Kindern und schwierigen Jugendlichen selten der Fall. Und leider gilt diese Feststellung auch für einige Erwachsene. Und außerdem impliziert der Terminus „Vertrag", dass bei Nichterfüllung eine definierte Folge eintritt. Die Definition der Folgen ist im pädagogischen Bereich ein schwieriges Unterfangen. Bei einfachen „Wenn-Dann-Verträgen" („Wenn du 14 Tage pünktlich zur Schule kommst, dann bekommst du einmal Hausaufgaben frei.") – die meines Erachtens keine echten Verträge sind! – ist nur die Erfüllungsfolge (einseitig!) festgelegt. Bei Verträgen sollten ja beide Seiten etwas eingeben und bei Nichterfüllung sollte eine definierte Folge eintreten. Das ist hier nicht der Fall.

Maßnahmen zur Verbesserung des Verhaltens in der Schule I

Schule: ....

Datum: ....

Maßnahmen zur Verbesserung des Verhaltens in der Schule

Name: ______________________________

Klasse: ______________________________

Erziehungsberechtigte/r: ______________________________

Sehr geehrte/r Frau/Herr ______________________________

wie wir Ihnen bereits mehrfach mitgeteilt haben, zeigt Ihr Sohn/Ihre Tochter problematisches Verhalten. Und zwar in folgenden Bereichen: ______________________________

____

____

Dieses Verhalten betrifft nicht nur ______________________ . Es führt zu Störungen des Klassen- und Schulbetriebes. Andere Schüler/innen werden gefährdet. Oder sie werden am Lernen gehindert. Daher ist dieses Verhalten auf Dauer in einer öffentlichen Schule nicht tragbar. Nach den Vorschriften des Schulgesetzes können Schüler/innen nach vorheriger Verwarnung und vorheriger Androhung vom Unterricht ausgeschlossen oder der Schule verwiesen werden.

Natürlich wollen wir, dass es dazu nicht kommt. Wir nehmen an, dass auch Sie als Eltern eine ausschließende Maßnahme nicht wollen.

Daher bitten wir Sie am ________________ , um ____________ in die Schule zu kommen. Wir möchten gemeinsam mit Ihnen festlegen, was **seitens der Schule** und **seitens des Elternhauses** getan werden kann, um das Verhalten ________________ zu verbessern. Ihr Sohn/Ihre Tochter soll an dem Gespräch teilnehmen und gemeinsam mit uns die Maßnahmen im Sinne einer verbindlichen Vereinbarung unterschreiben.

Wir bitten Sie, diesen Termin einzuhalten. Ein Elternteil sollte unbedingt erscheinen. (Nur in begründeten Ausnahmefällen werden wir einen Ersatztermin anbieten). Wenn Sie nicht kommen, gehen wir davon aus, dass Sie an ausschlussverhütenden Maßnahmen nicht interessiert sind. In diesem Falle müssen Sie die Folge einer nicht zustande gekommenen Zusammenarbeit selbst tragen.

Mit freundlichen Grüßen

Bestätigung der Eltern:

Name: ______________________________ Datum: ______________________________

Ich/wir werde/n den Gesprächstermin am ________________ um ________________ wahrnehmen.

____

Unterschrift

Maßnahmen zur Verbesserung des Verhaltens in der Schule II

Schule: ....

Datum: ....

Maßnahmen zur Verbesserung des Verhaltens in der Schule

Name: ______________________________

Anwesend: ____

Ich bin über die an der ______________________________ Schule geltenden Regeln (Schulordnung, allgemeine Regeln des Miteinanders) eingehend informiert worden. Ich werde die unten aufgeführten **Maßnahmen** unterstützen.

Ich weiß, dass weitere/s

- Nichtbeachtung von Lehreranweisungen
- Anwendung von oder Aufruf zur Gewalt
- Fortlaufendes Stören des Unterrichts
- Verweigerung der Mitarbeit

zu den (ausschließenden) Maßnahmen des Schulgesetzes führen.

____

Unterschrift Schüler/in

Maßnahmen der Schule

Weiteres Gespräch
Zeitweiliges Nachhauseschicken
Nacharbeit
Nachsitzen
Rückmeldung an die Eltern
Besondere Übungsarbeiten
Wiedergutmachung
Soziale Auflagen

Maßnahmen der Eltern

Kontrolle durch Nachfragen
Kontrolle durch Rückruf in der Schule
Kontrolle der Hefte/Mappen
Erzieherische Maßnahmen
Kontakt Jugendamt
Kontakt Beratungsdienst
Kontrolle des Umgangs
Kontrolle der Hausaufgaben

Weitere Erläuterungen:

____

____

____

____________________________ ____________________________

Unterschrift Lehrkraft Unterschrift Elternteil/Eltern

Maßnahmen zur Eindämmung von Schuleschwänzen I

Schule: ....
Datum: ....

Maßnahmen zur Eindämmung von Schuleschwänzen

Name: ______________________

Klasse: ______________________

Erziehungsberechtigte/r: ______________________________________

Sehr geehrte/r Frau/Herr ______________________________________

wie wir Ihnen bereits mehrfach mitgeteilt haben, ist der Schulbesuch Ihres Sohnes/ Ihrer Tochter ______________ unregelmäßig. Entschuldigungen konnten nicht vorgelegt bzw. nicht anerkannt werden. Wir müssen also davon ausgehen, dass Schuleschwänzen vorliegt.

Wir haben mit ____________ mehrfach über die Problematik des Schuleschwänzens gesprochen. Wir haben auch Ihnen konkrete Vorschläge gemacht, wie Sie es erreichen können, dass ______________ wieder regelmäßig in der Schule erscheint. Leider haben wir damit keinen Erfolg gehabt.

Wie Sie wissen, kann Schuleschwänzen mit der Verhängung einer Geldbuße geahndet werden. Damit es dazu nicht kommt, bieten wir Ihnen – ein letztes Mal! – ein Gespräch an, das wir gemeinsam mit Ihrem Sohn/Ihrer Tochter führen. Wir möchten noch einmal mit Ihnen und Ihrem Sohn/Ihrer Tochter Maßnahmen festlegen, die zu einem regelmäßigen Schulbesuch führen.

Wir bitten Sie, diesen Termin einzuhalten. Nur in begründetem Ausnahmefall können wir einen Ersatztermin anbieten. Wenn Sie nicht kommen, müssen Sie damit rechnen, dass wir beim Ordnungsamt die Verhängung einer Geldbuße beantragen.

Mit freundlichen Grüßen

Bestätigung der Eltern:

Name: ______________________ Datum: ______________________

Ich werde/Wir werden den Gesprächstermin am ______________ um ____________ wahrnehmen.

____

Unterschrift

Maßnahmen zur Eindämmung von Schuleschwänzen II

Schule: ....

Datum: ....

Maßnahmen zur Verhinderung von Schuleschwänzen

Name: ______________________________

Anwesend: ______________________________

Ich bin darüber informiert worden, dass ich zu regelmäßigem Schulbesuch verpflichtet bin. Ich weiß, dass bei weiterem unentschuldigtem Fernbleiben von der Schule ein Antrag auf Verhängung einer Geldbuße beantragt wird.

____

Unterschrift Schüler/in

Die folgenden Maßnahmen sollen dazu führen, dass es nicht zu einer Beantragung einer Geldbuße kommt.

Maßnahmen der Schule

Führen einer Anwesenheits-karteikarte im Schulbüro

Wöchentlicher Rückruf

Begleitung durch einen Klassenkameraden

Weitere Gespräche

Maßnahmen der Eltern

Täglicher Rückruf

Wöchentlicher Rückruf

Beratung durch ASD

Zeitweise Begleitung durch Elternteil

Tägliche häusliche Nachfrage

Frühes Wecken

Weitere Erläuterungen:

____

____

____

______________________________ ______________________________

Unterschrift Lehrkraft Unterschrift Eltern/Elternteil

2.2.5 Positive Rückmeldungen geben

- Eltern Anerkennung und Lob in Kurzbriefen aussprechen

Zum Schluss wenden wir uns den Eltern in aller Freundlichkeit zu. „Das wurde aber auch Zeit," denken nun viele von Ihnen, liebe Leserinnen und lieber Leser. Wenn es mit der Zusammenarbeit mit den Eltern allgemein gut klappt oder wenn nach persönlicher Ansprache spürbare Fortschritte im Verhalten des Kindes zu verzeichnen sind, sollten Sie es den Erwachsenen auch sagen.

Lob und Anerkennung für Eltern

Nun wird uns ja immer wieder – sehr zu Recht! – angetragen, in der Erziehung das freundliche Wort, das Lob nicht zu vergessen. Wir sollen also nicht nur kritisieren, wenn etwas nicht gut läuft, sondern wir sollen loben, was gut läuft. Lernpsychologisch ausgedrückt: positive Folgereize eines Verhaltens führen zur Anbahnung und Festigung eines gewünschten Verhaltens.

Was man bei Kindern immer wieder fordert und für selbstverständlich hält, wird bei Erwachsenen zumeist übersehen und vergessen. Scheuen wir uns daher nicht, gelegentlich auch Eltern zu loben. Wenn Väter und Mütter also erkennbar daran mitwirken, ihre Kinder schulisch zu fördern und erzieherisch voranzubringen, sollte dies entsprechend **gewürdigt** werden.

Aber wie? Kann man Eltern mit Smileys oder gar mit guten Noten beglücken? Wohl nicht! Aber Sie können auf dem nächsten Elternabend **anerkennende Worte** für jene Eltern finden, die sich deutlich für die Fortschritte ihrer Kinder eingesetzt haben. Und Sie können sich persönlich für den freundlichen Einsatz jener Eltern, die zum letzten Klassenfest einen Kuchen gebacken haben, bedanken. Und damit nicht genug.

Selbstverständlich können Sie für hervorragenden Einsatz auch einmal eine **witzige Loburkunde** aushändigen oder einen **Lobesbrief** schreiben. So sehr wir darüber klagen, dass zu viele Eltern ihre Elternpflichten nicht angemessen wahrnehmen, es gibt schließlich genug Eltern, die sich für das Wohlergehen ihrer Sprösslinge mächtig ins Zeug legen. Und es gibt Eltern, die, von der Öffentlichkeit und auch von der Schule oft unerkannt, in kaum zu überbietender Anstrengung um das körperliche und geistige Wohlbefinden ihrer Kinder kämpfen und ihre letzten Kraftreserven erschöpfen.

Jene Eltern, die mit autistischem Verhalten, verdecktem Krampfleiden, Allergien oder Neurodermitis ihrer Kinder zu kämpfen haben und über ihre zusätzliche Belastung kein Wort verlieren, sollten wenigstens von jenen, die um diese Belastung wissen, also auch den Lehrkräften, **ein freundliches Wort der Anerkennung erhalten**. Das wird in der Regel im persönlichen Gespräch geschehen. Aber es wird uns kein Zacken aus der Krone fallen, wenn wir dies auch einmal schriftlich aussprechen.

Also, liebe Leserin und lieber Leser, geben Sie sich einen Ruck. Überwinden Sie Ihre Scheu, Erwachsene zu loben und schreiben Sie Briefe wie folgenden:

Kurzbriefe: Lob an die Eltern I

Klassenlehrer/in ....

Liebe Frau Müller,

ich freue mich, Ihnen heute einen erfreulichen Brief schicken zu können.
Nicht nur die Leistungen, sondern auch das Verhalten Ihrer Tochter Saskia haben sich spürbar verbessert. Die Versetzung ist bei dem derzeitigen Leistungsstand nicht mehr gefährdet.
Ich weiß, dass Ihr elterliches Engagement und Ihre freundliche Mitarbeit dazu beigetragen haben, dass Saskia wieder Tritt gefasst hat. Erlauben Sie mir daher, Ihnen zu danken und meine Anerkennung auszusprechen.

Mit freundlichen Grüßen

Ihr (e)

Klassenlehrer/in ....

Liebe(r) Frau/Herr .... ,

ich freue mich, Ihnen heute einen erfreulichen Brief schicken zu können.
Nicht nur die Leistungen, sondern auch das Verhalten Ihre Tochter/Ihr Sohn .... haben sich spürbar verbessert. Die Versetzung ist bei dem derzeitigen Leistungsstand nicht mehr gefährdet.
Ich weiß, dass Ihr elterliches Engagement und Ihre freundliche Mitarbeit dazu beigetragen haben, dass .... wieder Tritt gefasst hat. Erlauben Sie mir daher, Ihnen zu danken und meine Anerkennung auszusprechen.

Mit freundlichen Grüßen

Ihr (e)

Kurzbriefe: Lob an die Eltern II

Klassenlehrer/in ....

Liebe Frau Schröder,

ich weiß, dass die Neurodermitis Ihres Sohnes Michael Ihnen viel Sorge bereitet. Arztbesuche, Einhaltung der Diät, die Versorgung des Jungen mit Medikamenten, das alles lässt sich nicht „einfach nebenbei" machen. Das erfordert hohen Einsatz und beansprucht viel Zeit. Umso mehr ist anzuerkennen, dass Sie Michael auch in schulischer Hinsicht vorbildlich betreuen. Michael hat stets alle Schulsachen dabei, seine Hausaufgaben erledigt er bestens, seine Mappen sind sauber und ordentlich geführt. Als Lehrer (aber auch als Vater eigener Kinder) weiß ich, dass die elterliche Regie im Hintergrund dabei eine nicht unerhebliche Rolle spielt. Dass sich der Einsatz lohnt, haben Sie an der guten Schulleistung Ihres Sohnes bereits gemerkt. Heute bestätige ich Ihnen, dass auch sein Verhalten als erfreulich bezeichnet werden kann.
Ich hoffe, Ihnen mit dieser Rückmeldung eine Freude gemacht zu haben.

Mit freundlichen Grüßen

Ihr

Klassenlehrer/in ....

Liebe(r) Frau/Herr ....,

ich weiß, dass die Neurodermitis Ihres Sohnes/Ihrer Tochter .... Ihnen viel Sorge bereitet. Arztbesuche, Einhaltung der Diät, die Versorgung des Jungen mit Medikamenten, das alles lässt sich nicht „einfach nebenbei" machen. Das erfordert hohen Einsatz und beansprucht viel Zeit. Umso mehr ist anzuerkennen, dass Sie Michael auch in schulischer Hinsicht vorbildlich betreuen. Michael hat stets alle Schulsachen dabei, seine Hausaufgaben erledigt er bestens, seine Mappen sind sauber und ordentlich geführt. Als Lehrer (aber auch als Vater/Mutter eigener Kinder) weiß ich, dass die elterliche Regie im Hintergrund dabei eine nicht unerhebliche Rolle spielt. Dass sich der Einsatz lohnt, haben Sie an der guten Schulleistung Ihres Sohnes/Ihrer Tochter .... bereits gemerkt. Heute bestätige ich Ihnen, dass auch sein/ihr Verhalten als erfreulich bezeichnet werden kann.
Ich hoffe, Ihnen mit dieser Rückmeldung eine Freude gemacht zu haben.

Mit freundlichen Grüßen
Ihr (e)

Kurzbriefe: Lob an die Eltern III

Klassenlehrer/in ....

Sehr geehrte Frau Schmidt,

heute bekommen Sie einen Brief aus der Schule. Aber keine Angst, es handelt sich nicht um einen „blauen" Brief. Kein Tadel! Keine Beschwerde! Im Gegenteil.

Ich möchte Ihnen heute meine persönliche Anerkennung dafür aussprechen, dass Sie die Maßnahmen, die wir während unseres letzten Gesprächs vereinbart hatten, so zügig und erfolgreich eingeleitet haben. Den Lohn Ihrer Bemühungen haben Sie sicher selbst schon entdeckt. Die Leistungen Ihres Sohnes Sebastian haben sich gesteigert. Darüber können wir uns beide freuen.

Mit freundlichen Grüßen

Ihr

Klassenlehrer/in ....

Sehr geehrte/r Frau/Herr ....,

heute bekommen Sie einen Brief aus der Schule. Aber keine Angst, es handelt sich nicht um einen „blauen" Brief. Kein Tadel! Keine Beschwerde! Im Gegenteil.

Ich möchte Ihnen heute meine persönliche Anerkennung dafür aussprechen, dass Sie die Maßnahmen, die wir während unseres letzten Gesprächs vereinbart hatten, so zügig und erfolgreich eingeleitet haben. Den Lohn Ihrer Bemühungen haben Sie sicher selbst schon entdeckt. Die Leistungen Ihres Sohnes/Ihrer Tochter .... haben sich gesteigert. Darüber können wir uns beide freuen.

Mit freundlichen Grüßen

Ihr(e)

3. Zur Nutzung dieses Buches: Schwung in die Elternarbeit bringen – Aber wie? Wie man mit dem vorliegenden Material arbeiten kann

Schulebene

Zum Schluss noch einige Hinweise, wie man vorgehen kann, wenn man Elternarbeit intensivieren will. Die in diesem Buch vorgestellten Materialien sind bewusst so konzipiert, dass sie sowohl auf der Ebene der Klasse als auch auf der Ebene der Schule verwendet werden können. Als Klassenlehrerin oder Klassenlehrer können Sie, liebe Leserin oder lieber Leser, sofort loslegen.

Wenn Sie eine Schulaktion planen, bedarf es umfassender Vorbereitung. Nun ist es aber von erheblichem Vorteil, wenn die Intensivierung der Elternarbeit von einem ganzen Kollegium ausgeht. Daher bleiben wir zunächst bei der Frage, was auf der Schulebene geschehen kann, um **Schwung in die Elternarbeit zu bringen**.

Der Stein muss durchaus nicht von der Schulleitung ins Rollen gebracht werden. Es ist durchaus empfehlenswert, wenn eine **Initiativgruppe von Lehrkräften** erste Gespräche führt und ein Rohkonzept ausarbeitet, das auf einer Konferenz zu einem verbindlichen Schulkonzept ausformuliert wird. Elternarbeit ist durchaus nicht immer das Lieblingsthema von Schulleitern. Sie neigen in vielen Fällen dazu, den Kurs beizubehalten, den das Schiff gerade läuft. Also sprechen Sie interessierte Kollegen und Kolleginnen an, spendieren Sie ihnen eine Tasse Kaffee und fangen sie einfach mal an.

Wenn es offensichtliche Mängel gibt, sollte man sich zunächst an deren Beseitigung machen. Wenn sich z. B. in puncto Elternabende an Ihrer Schule partout nichts tut, dann sollten Sie hier ansetzen. Auf einer **Lehrerdienstversammlung** wird das Problem angesprochen. Die Initiativgruppe bringt den Vorschlag ein, neben den gesetzlich vorgeschriebenen Elternversammlungen themengebundene Elternabende durchzuführen. Themen und Programmvorschläge, aber auch Elternbriefe, die diese Abende vorbereiten helfen, finden sie in diesem Buch an verschiedenen Stellen. Wenn man das **Problem Elternabend** gelöst hat, kann man sich an eine Fragebogenaktion oder an ein Konzept zur Elternberatung heranmachen.

Intensivierung von Elternarbeit heißt in der Praxis aber zumeist, dass man zu einer allgemeinen Verbesserung der Elternarbeit kommen will. Wenn also kein besonderer Mangel oder kein spezielles Anliegen vorliegt, empfiehlt es sich, **eine breit angelegte Erhebung zur Elternarbeit vorzuschalten**. Führen Sie mit Ihrer Initiativgruppe ein Brainstorming durch, indem Sie fragen: Was läuft überhaupt an Elternarbeit an unserer Schule, was läuft gut, was läuft schlecht, was fehlt? Notieren Sie alles, was Ihnen zum Thema einfällt. Wenn Sie vorher einen **Fragebogen für Eltern** austeilen und die Antworten der Eltern berücksichtigen, umso besser! Sie können sich bei dieser Bestandsaufnahme des Fragebogens zur Elternarbeit bedienen, der diesem Kapitel angehängt ist.

Ein **Vorweg-Brainstorming**, also eine Gedankensammlung im kleinen Kreis, hat den Vorteil, dass Sie das Thema in Ruhe ausloten können – ohne dass Kollegin Schrader-Helmensdörfer spitzfindige, vom Thema ablenkende Fragen stellt und ohne dass der Schulleiter in Profil pflegender Absicht von vornherein die Regie übernehmen will. Außerdem sorgen Sie durch Ihre Initiative dafür, dass jene Aspekte, die **Sie für besonders wichtig halten,** ins Konzept aufgenommen werden.

Nehmen wir einmal an, Sie unterrichten an einer Realschule. Mit der Elternarbeit an Ihrer Schule sieht es nicht gerade rosig aus. Neben den schulrechtlich vorgeschriebenen Elternversammlungen tut sich wenig. Als scharfsichtiger Beobachter wissen Sie auch warum. Im Laufe der Jahre hat sich eine Negativhaltung eingeschlichen, die es zu überwinden gilt.

Viele Eltern treten sehr fordernd auf. Andererseits sind sie mit Kritik an der Schule schnell bei der Hand. In vielen Elternhäusern wird die

Kontrolle auch nicht weiter ernst genommen. Ob es um die Hausaufgaben oder um die Schulsachen geht, oft werden die Grundvoraussetzungen fürs Schulehalten nicht erfüllt. Das hat viele Kolleginnen und Kollegen mürbe gemacht. Sie und Ihre Initiativgruppe sagen sich nun: „Das muss besser werden. Wir reformieren unsere Elternarbeit. **Ran an die Eltern!**"
Prüfen Sie zunächst mit dem Fragebogen, was läuft und was nicht läuft. Skizzieren Sie auf einem Kladdezettel, welche Punkte Sie für besonders wichtig halten. Nun stellen Sie fest, dass – siehe oben ! – an Ihrer Schule ein erheblicher Nachholbedarf besteht und dass Sie eigentlich fast alle Punkte des Fragebogens anpacken möchten. **Vorsicht! Überfordern Sie Ihre Kolleginnen und Kollegen bzw. Ihre Konferenz nicht.** Wählen Sie fünf bis sieben Punkte aus. Wenn Sie und Ihre Kolleginnen und Kollegen mehr wollen, können sie später immer noch mehr anpacken. Beginnen Sie aber zunächst mit einer **überschaubaren Aktion.** Also versehen Sie jene Punkte, die Ihnen besonders wichtig erscheinen mit einem Sternchen. Die folgenden Punkte stehen nun auf Ihren Kladdezettel:

Das wollen wir anpacken:

- Fragebogenaktion
- Elternarbeit mit Elternbriefen
- Ausgabe von Checklisten zur Ankurbelung der Mitarbeit
- Kombimaßnahmen: Themenbezogene Elternbriefe werden auf Elternabenden vertieft
- Vertiefung der Zusammenarbeit mit dem ASD
- Mittelfristig: Erstellung eines Breviers „Erziehung an unserer Schule"
- Gestaltung alternativer Elternabende, um Eltern wieder in die Schule zu locken.

Machen Sie sich nun einige Gedanken zum zeitlichen Ablauf. Was soll wann laufen? Welche Aktionen können parallel zueinander durchgeführt werden? Wenn Sie mit dem Rohkonzept in die Lehrerkonferenz gehen, ist es gut, wenn Sie nicht nur ein Gerüst, also das Konzept, sondern auch schon Bausubstanz, also **konkrete Maßnahmen und Texte**, auf den Konferenztischen legen können. Also blättern Sie in diesem Buch und suchen Sie sich passende Maßnahmen und Texte aus. Es ist unschwer zu erkennen, dass Sie die oben angeführten Punkte fast alle **mit Material aus diesem Buch füllen** können!
Wenn Ihre **Lehrerdienstversammlung** eine solche ist, die konstruktiv diskutiert und zügig zu Beschlüssen kommt, wird sie mit großer Wahrscheinlichkeit noch einige Verbesserungsvorschläge machen und Ihr (verbessertes) Konzept per Beschluss annehmen und zur Ausführung freigeben.

Dabei sollte eine **Arbeitsteilung** vorgenommen werden. Die könnte wie folgt aussehen:

- Die Fragebogenaktion hat die Konferenz abgelehnt, weil sie zu zeitaufwendig ist. Man will möglichst schnell beginnen.
- Die Schulleitung kümmert sich um einen Startbrief.
- Eine Gruppe (Die kann aus nur zwei Lehrkräften bestehen.) kümmert sich um die Zusammenstellung von Elternbriefen.
- Ein Kollege kümmert sich um Checklisten zur Ankurbelung der Mitarbeit.
- Eine Gruppe konzipiert zwei Gesamtelternabende, die die Themen der Briefe vertiefen.
- Eine Gruppe kümmert sich um die Zusammenstellung eines Erziehungsbreviers.
- Der Vertrauenslehrer wird beauftragt, Kontakte zum ASD zu knüpfen.
- Eine Gruppe arbeitet Programme für attraktive Elternabende aus.
- Sie selbst melden sich, Material zur Beratung von Eltern zusammenzustellen.
- Der zeitliche Ablauf entspricht der Folge der angegebenen Punkte. Das heißt: Beginn mit dem Schulleitungsbrief …

Bitte bedenken Sie, dass Sie ja schon **umfangreiches Material (aus diesem Buch)** mit in die Konferenz gebracht haben, das nur noch den Gegebenheiten Ihrer Schule angepasst werden muss. Es ist also durchaus möglich, schon auf dieser Konferenz Ausgabetermine oder Durchführungstermine festzusetzen. Oder aber die Schulaktion zur Intensivierung von Elternarbeit wird auf einer **Folgekonferenz** hieb- und stichfest gemacht und schließlich beschlossen. Da meldet sich Kollege Meier mit der guten Idee, **einen Flyer zur Elternarbeit** zu entwerfen.

So wie der Appetit mit dem Essen, kommt die gute Idee nämlich mit dem Denken. Der Flyer fasst die wesentlichen Punkte, auf die Sie an Ihrer Schule in Bezug auf Elternarbeit hinaus wollen, zusammen. Sehen Sie, liebe Leserin und lieber Leser, so ist das mit dem konstruktiven, oder nennen Sie's gerne systemischen Denken. Wenn Sie etwas verändern wollen, müssen Sie etwas ändern. Und zu guten Ideen oder Handlungen gesellen sich (fast) immer andere gute Ideen oder gute Handlungen.

Klassenebene

„Das ist mir alles zu fummelig", sagen Sie nun, liebe Leserin oder lieber Leser. „Brainstorming, Rohkonzept, Konferenzbeschluss ..." Und nebenbei denken Sie: „In meiner Lehrerkonferenz gibt es nicht nur eine Frau Schrader-Helmensdörfer, nein, bei uns gibt es deren drei! Ich will nicht stundenlang über Intensivierung von Elternarbeit reden, ich will gleich handeln. Mögen andere Kolleginnen oder Kollegen später nachziehen. Ich möchte Maßnahmen zur Intensivierung von Elternarbeit in meiner Klasse realisieren. Wie also können Sie auf der Ebene der Klasse vorgehen?

Nehmen wir an, Sie sind Klassenlehrer in einer sechsten Hauptschulklasse. Sie beobachten **in Ihrer Klasse erhebliche Motivationsprobleme**. Schuleschwänzen, Gewalt in der Schule, Mobbing, Provokation der Lehrkräfte, fehlende Hausaufgaben, mangelhafte Anstrengungsbereitschaft, das alles sind keine Fremdworte für Sie, mit diesen Problemen haben Sie zu kämpfen. Elternabende sind schwach besucht. Sie bestellen gelegentlich Eltern in die Schule ein, um Probleme zu besprechen. Sie führen viele Telefongespräche mit den Eltern. Es gibt viel zu tun. Sie könnten zum Beispiel wie folgt vorgehen.

Nutzen Sie auch als Klassenlehrer den **Fragebogen zur Elternarbeit**, um sich einen Überblick zu verschaffen. Die folgenden Punkte finden Sie besonders wichtig:

- Alternativer Elternabend, um Eltern zunächst einmal wieder in die Schule zu bringen.
- Fragebogenaktion
- Themenbezogene Elternbriefe: Gewalt, Mobbing, Grundvoraussetzungen fürs Schulehalten
- Hausbesuche
- Sofortrückmeldungen
- Förderpläne für den häuslichen Bereich für fünf Schüler
- Erreichung gemeinsamen Handelns bei Schulstrafen
- Hinweise zum Ankurbeln der Mitarbeit.

Unschwer zu erkennen, dass Sie unter den gegebenen Stichworten viel Material in diesem Buch finden. Kopieren Sie sich also die in Frage kommenden Texte oder Programme.

Anschließend bringen Sie Ihre Klassenaktion in **eine Verlaufsform**. Zum Beispiel so:

- Sie beginnen mit einem sorgfältig geplanten alternativen Elternabend. Sie kürzen aber das vorgeschlagene Programm und bauen einen Info-Punkt „Elternarbeit" ein. Hier erklären Sie den Eltern, was Sie in puncto Elternarbeit in naher Zukunft zu tun gedenken. Da wahrscheinlich trotz größter Attraktivität des Programms nicht alle Eltern kommen, sollten Sie Ihre Aktion zur Intensivierung der Elternarbeit in Form eines Briefen kurz skizzieren und in der Klasse austeilen.
- Sie geben drei Briefe innerhalb von 14 Tagen aus. Hier können Sie auf die einzuhaltenden Grundstandards hinweisen. Außerdem greifen Sie das Thema Schulstrafen und häusliche Konsequenzen auf.
- Nach drei Wochen berufen Sie einen Elternabend und vertiefe die Themen live.
- Sie skizzieren für Ihre fünf Problemschüler Förderpläne und teilen die Pläne während eines Hausbesuchs aus.
- Sie führen nach etwa fünf Wochen einen Themenelternabend durch: Ankurbelung der Mitarbeit. Hier geben Sie die ersten Checklisten aus. (Aber nicht alle. Sie wollen ja noch ein Brikett nachlegen.)
- Ach ja, Sie haben ja noch das Problem mit den Schuleschwänzern. Hier bestellen Sie die Eltern zu vertragsähnlichen Belehrungen ein. Die können Sie schon an den Beginn Ihrer Aktion einbinden.
- Nicht zu bestreiten, dass hier eine Menge Arbeit auf Sie wartet. Treten Sie an Ihre Schulleitung heran, und bitten Sie um eine **sanfte Stundenreduktion für Ihre Aktion**. Zumindest für die ersten vier Wochen. Denn es ist

zu empfehlen, dass die Eltern gleich zu Beginn merken, dass sich hier etwas tut. Daher sollten Sie zu Beginn nach dem Motto: „Nicht kleckern, sondern klotzen" verfahren. Das gilt übrigens auch für Schulaktionen.

Diese Vorgehensvorschläge sind, wie ich betonen möchte, wirklich nur Vorschläge. Gehen Sie, liebe Leserin und lieber Leser, so vor, wie Sie es für richtig halten. Wichtig ist nur, dass man sich ein kleines Programm zusammenstellt.

Wer nur auf eine Karte setzt, wer nur mit Einbestellungen oder mit Elternbriefen arbeitet, kommt nicht weit genug. **Gerade in der Elternarbeit gilt, dass Vielgestaltigkeit, Variation und Einfallsreichtum zum Ziel führen!**

Damit Sie sich einen Überblick verschaffen: Fragebogen zur Elternarbeit in Ihrer Klasse/ an Ihrer Schule

Aktionen/Maßnahmen	**werden durchgeführt** **Ja – Nein**	**sind ausbaufähig** **Ja – Nein**
Stichwort Transparenz		
Elternabende anlassbezogen		
Tag der offenen Tür		
Elternbriefe anlassbezogen		
Einzelgespräche telefonisch		
Einzelgespräche Einbestellung		
Kompaktinfo zu Organisationsfragen		
Schulführung		
Sprechstunden		
Treffen außerhalb der Schule		
Fragebogenaktion		
Homepage-Arbeit		
Alternative Elternabende		
Grundsatz-Infos: geltende Standards an unserer Schule		
Stichwort Beratung		
Beratung auf Elternabenden		
Beratung telefonisch		
Beratung in der Schule		
Beratung anlässlich eines Hausbesuches		
Erarbeitung von Förderplänen		
Vermittlung zur Jugendhilfe		
Tandemarbeit mit Sozialarbeitern		

Aktionen/Maßnahmen	werden durchgeführt Ja – Nein	sind ausbaufähig Ja – Nein
Themenbezogene Elternbriefe		
Themenbezogene Elternabende		
Kompaktmaßnahmen: Kombination Elternbriefe/Elternabend		
Elternschule live		
Elternschule online		
Homepage zu besonderem Thema (Suchtprävention, Leseförderung ...)		
Andere Kompaktmaßnahmen		
Vertragsähnliche Vereinbarungen		
Stichwort Ankurbelung von Mitarbeit		
Info über Hausaufgaben		
Tipps: Helfen bei Hausaufgaben		
Ausgabe von Checklisten		
Ausgabe von Sofort-Rückmeldungen		
Rückmeldungen durch Telefonate/Briefe		
Hinweise zu Reaktionen im Elternhaus im Falle von Schulstrafen		
Ausgabe Gesprächsleitfäden		
Sonstige Maßnahmen		
Positive Rückmeldungen durch die Schule (Lobbriefe)		
Anlaufstelle für Elternbeschwerden vorhanden		

So meistern Sie schulische Aufgaben erfolgreich!

Dieter Wehnert

Disziplin in der Schule

Wege zu einer neuen Umgangskultur

112 S., kart. Best.-Nr. **4023**

Disziplinprobleme stellen in der heutigen Schule auch viele erfahrene Lehrerinnen und Lehrer vor Probleme, denen sie sich nicht gewachsen fühlen. Die dadurch entstehenden Belastungen verschärfen sich noch zusätzlich, weil sich Lehrkräfte in der Regel nicht offen und vorbehaltlos darüber austauschen. Dabei sind Disziplinprobleme nur selten individuell verursacht. Die gesamte **Umgangskultur** an den Schulen hat sich in den letzten Jahren verändert – mit tiefgreifenden Auswirkungen auf den Lern-, Bildungs- und Erziehungserfolg.

Der Autor erläutert und analysiert die Faktoren, die das **Schulklima** und damit die „Disziplinkultur" einer Schule besonders prägen: Schulgebäude und Schulgelände; die Gestaltung des Schullebens; das Erziehungskonzept; Sanktionen und Ordnungsmaßnahmen; der Unterricht; die Person des Lehrers/der Lehrerin.

Auf dieser Grundlage entwirft Dieter Wehnert einen **Musterkodex für schulische Verhaltensregeln**, die geeignet sind, größere Sicherheit im Umgang mit Disziplin- und Gewaltproblemen zu entwickeln. Eine Perspektive, die den Einzelnen entlastet, ohne ihn aus seiner Verantwortung als Lehrer/-in zu entlassen.

Gustav Keller

Selbstmanagement im Lehrerberuf

100 S., kart. Best.-Nr. **4024**

Effektives Selbstmanagement ist erlernbar!

Wer den Lehreralltag ohne chronischen Stress und Burnout bewältigen will, benötigt gutes Selbstmanagement.

Dazu zählen Fähigkeiten wie:

- **Selbstmotivation:** Die seelischen Energien auf Ziele und Visionen ausrichten.
- **Positives Denken:** Selbstschädigende Einstellungen und Bewertungen vermeiden.
- **Zeitmanagement:** Die Zeit richtig einteilen und effektiv nutzen.
- **Schreibtischmanagement:** Den Arbeitsplatz ergonomisch gestalten.
- **Systematische Entspannung:** Belastungen durch körperliche und mentale Übungen bewältigen.
- **Rationelle Lern- und Lesetechnik:** Wissen konzentriert aufnehmen, archivieren und strukturieren.
- **Stressfreies Lehren:** Den Unterricht gründlich vorbereiten und schüleraktiv gestalten u. v. m.

Der Band gibt Lehrerinnen und Lehrern in 10 Trainingseinheiten konkrete Tipps zur Verbesserung des Selbstmanagements.

Hans-Helmut Decker-Voigt

Die Kunst der Pause

Übungen zur Vitalisierung und Entspannung für Lehrerinnen und Lehrer

96 S., kart. Best.-Nr. **3623**

Stress, Abgespanntheit, Erschöpfung, ... – welche Lehrerin, welcher Lehrer kennt diese unliebsamen Folgen des Berufsalltags nicht? Und wer sehnt sich nicht nach einfachen Möglichkeiten der Entspannung?

Hier hilft „**Die Kunst der Pause**". Der Band zeigt, dass und wie ein Auftanken mit ganz einfachen Mitteln möglich ist. Er stellt 27 leicht umsetzbare Übungen zur Vitalisierung und Entspannung vor. Jede Übung wird genau beschrieben und kann ohne große Vorbereitung in beliebiger Umgebung durchgeführt werden.

Eine echte Hilfe für Menschen in pädagogischen Berufen!

Auer BESTELLCOUPON Auer

Ja, bitte senden Sie mir/uns

____ Expl. Dieter Wehnert
Disziplin in der Schule Best.-Nr. **4023**

____ Expl. Gustav Keller
Selbstmanagement im Lehrerberuf Best.-Nr. **4024**

____ Expl. Hans-Helmut Decker-Voigt
Die Kunst der Pause Best.-Nr. **3623**

mit Rechnung zu.

Bequem bestellen unter
Telefon: 01 80/5 34 36 17
Fax: 09 06/7 31 78
E-Mail: info@auer-verlag.de

Bitte kopieren und einsenden an:

Auer Versandbuchhandlung
Postfach 11 52
86601 Donauwörth

Meine Anschrift lautet:

____
Name/Vorname

____
Straße

____
PLZ/Ort

____
Datum/Unterschrift

____
E-Mail

Praxiserprobt und topaktuell: Materialien von Auer!